销售心理学

玩转情商，把任何东西卖给任何人

牧之◎著

台海出版社

图书在版编目（CIP）数据

销售心理学 / 牧之著. -- 北京：台海出版社，
2017.3（2019.5重印）
ISBN 978-7-5168-1348-5

Ⅰ.①销… Ⅱ.①牧… Ⅲ.①销售－商业心理学－通
俗读物 Ⅳ.①F713.55-49

中国版本图书馆CIP数据核字（2017）第050907号

销售心理学

著　　者：牧　之

责任编辑：王　品　　　　　　　　装帧设计：久品轩

版式设计：刘　艳　　　　　　　　责任印制：蔡　旭

出版发行：台海出版社

地　址：北京市东城区景山东街20号　　　邮政编码：100009

电　话：010－64041652（发行，邮购）

传　真：010－84045799（总编室）

网　址：www.taimeng.org.cn/thcbs/default.htm

E-mail：thcbs@126.com

经　销：全国各地新华书店

印　刷：北京柯蓝博泰印务有限公司

本书如有破损、缺页、装订错误，请与本社联系调换

开　本：150×210　1/32

字　数：100千字　　　　　　　　　印　张：7

版　次：2017年7月第1版　　　　　印　次：2019年5月第3次印刷

书　号：ISBN 978-7-5168-1348-5

定　价：26.80元

前言
Preface

作为千万销售大军中的一员，你或许有过这样的困惑：为什么满怀信心走近客户，客户却对自己不理不睬？为什么无论自己怎样一再保证，客户仍然对你持怀疑态度？为什么苦口婆心说了一大堆，客户就是不买账？为什么满脸堆笑向客户推荐产品，客户还是产生心理抗拒？为什么有时先期都沟通得很顺畅，但一到最后要成交时客户却反悔？为什么每天劳碌奔波，最后一无所获？

要解答其中的原因，请先看下面一则推销小故事。

一位妇女走进一家鞋店，试穿了一打鞋子，没有找到一双是合脚的。营业员甲对她说："太太，我们没能有合您意的，是因为您的一只脚比另一只大。"

这位妇女走出鞋店，没有买任何东西。

在下一家鞋店里，试穿被证明是同样的困难。最后，笑眯眯的营业乙解释道："太太，您知道您的一只脚比另一只小吗？"

这位妇女高兴地离开了这家鞋店，腋下携着两双新鞋子。

不同的服务人员会给客户以不同的感受。不同的销售方式能导致不同的销售结果。营业员甲之所以失败，是因为她不懂得客户的心理——女性爱美，不喜欢别人说自己的脚大。

销售其实就是一门人际交往的心理学问，每一次销售都是双方心理活动演变的过程。销售中的种种行为、各种问题，都与人的心理有着千丝万缕的联系。只要窥破了心理学的奥秘，销售就会变得轻松很多；一旦掌握了相关的心理学知识，许多销售中的难题就会迎刃而解。

俗话说：知己知彼，百战不殆。了解对方的心理和想法对于自己做出正确的判断和应对措施有着不可言喻的作用。对于销售员来说，在推销之前和推销过程中充分了解客户的消费心理和购买动机，是促成生意的关键一步。客户在成交之前和成交过程中，都会产生一系列复杂、微妙的心理活动，包括对商品成交的质量、数量、性能、价格等问题的一些想法及如何与你成交、如何付款、订立什么样的支付条件等。客户的心理对成交的数量甚至交易的成败，都有至关重要的影响。因此，优秀的销售人员都懂得对客户的心理予以高度重视。

销售必须要懂得心理学！如果推销中不注重研究和揣摩客户的心理，即使你花费精力也难奏效，往往是说了一连串的话客户也不同意购买你的产品，你的推销如同盲人摸象，在暗夜中行走，找不到门径，不得要领，不得其法，费尽周折最终事倍功半。

兵法云："攻心为上，攻城为下。"战争中强调心战为上，对于销售来说也莫不如此。销售就是心与心的较量！销售人员必须先读顾客心，再学生意经。只有读懂了客户心理，天下才没有难做的生意；只有掌控了客户心理，才能把任何东西卖出去。

目录
Contents

第一章

心理修炼，让你的销售更胜一筹

推销本来就是一件"好事多磨"的工作。在实际推销工作中，哪怕是经验非常丰富的老推销员也会遭遇"滑铁卢"，因此要有一颗承受得起沉重打击的强大内心和包容一切的宽广胸怀，才能开拓属于自己的一片事业天地。相信再大的困难也敌不过一颗强大的心吧，加油！

敢想、敢拼，才能成功

一个不想赚大钱的销售人员一般都创造不出良好的业绩。业绩的好坏，取决于一名销售员是否拥有强烈的企图心。

强烈的企图心就是对成功的强烈企盼，没有强烈的企图心就不会有足够的决心。成功的销售员都有必胜的决心，成功的欲望源自于你对财富的渴望，对自我价值实现的追求。

香港巨富李嘉诚在年轻时，曾在塑胶裤带公司做过销售人员。当时，塑胶裤带公司有7名销售人员，数李嘉诚最年轻，资历最浅。显而易见，这是一种不在同一条起跑线上的竞争，是一种劣势条件下的不平等的竞争。

李嘉诚心高气傲，他不想输于他人，他给自己定下目标：3个月，干得和别的销售人员一样出色；半年后，超过他们。李嘉诚就是有这样强烈的企图心，才会奋发拼搏。

每天一大早，李嘉诚就要背一个装有样品的大包出发，乘巴士或坐渡轮，然后马不停蹄地走街串巷去做销售。别人做8个小时，他就做16个小时。

李嘉诚做任何事，都会有强烈的必胜欲望。他不属于那种身强体壮的人，更像一个文弱书生，背着大包四处奔波，实在勉为其难。幸好他做过一年茶楼跑堂，拎着大茶壶，一天10多个小时来回跑，练就了腿功和毅力。他在茶楼养成了观察人的习惯，现在做销售正好派上用场。他在与客户交往之时，不忘察言观色，判断成交的可能性有多大，自己还该做什么努力。

做好一名销售人员，要有强烈的企图心——李嘉诚对此有深切的体会。也正是因为如此，他才会后来者居上，销售额不仅在所有销售人员中遥遥领先，而且是第二名的七倍！

李嘉诚做事，从来是不做则已，要做就做到最好。不是完成自己的本职工作就算了，而是在本职工作内干出非凡业绩的同时，还利用销售行业的特点，捕捉大量的信息。他注重在销售过程中搜集市场信息，并从报刊资料和四面八方的朋友那儿了解塑胶制品在国际市场上的产销状况。经过调研之后，李嘉诚把香港划分成许多区域，把每个区域的消费水平和市场行情，都详细记在本子上。他对哪种产品该到哪个区域销售，销量应该是多少都胸有成竹。

经过详细分析，李嘉诚得出了自己的结论，然后建议老板该上什么产品，该压缩什么产品的批量。他协助老板以销促产，使塑胶裤带公司生机盎然，生意一派红火。

就这样，一年后，李嘉诚被升为部门经理，统管产品销售。这一年，他年仅18岁。两年后，他又晋升为总经理，全盘负责日常事务。李嘉诚逐渐成为塑胶裤带公司的台柱子，成为高收入的打工仔，是同龄人中的佼佼者。他20岁刚出头，就升到了打工族的最高位置，确实令人羡慕。而这一切都要源于他强烈的成功欲望。

由此可见，一个人从贫穷到富有的很好途径是做销售。因为干这行不需要你有很高的学历、雄厚的资金、出众的相貌，也不需要你拥有很多的专业知识和专业技能，它只需要你有强烈的企图心。你只要有必胜的信念，能把东西卖出去，你就能赚钱。

所以说，销售是当今社会迅速创业的最重要途径。世界上许多大企业家都是从做销售起家的，如松下幸之助、艾柯卡、沃森、曾宪梓、王永庆、金宇中……美国500家大公司的高级主管中，许多人年轻时都从事过销售工作。正如美国亿万富翁鲍纳所说："只要你拥有成功销售的能力，那你就能白手起家成为亿万富翁。"在销售中，你利用别人的商品、资金和渠道，建立关系、储蓄资本、积累经验、蓄势待发，一旦时机成熟，就可开辟自己的天地。

渴望成功对销售人员来说，很大程度上就是对高薪有着强烈的渴望，取得一点成绩就满足的人是不适合做销售的。销售是一个压力很大的职业，销售人员将不断地遭受拒绝与失败，如果没有强烈的成功欲望和企图心，就无法激起突破重重障碍的雄心。

销售艰难，要树立必胜信心

自信心不足是销售人员在销售工作中最容易出现的心理问题之一。自信心不足就如同火箭的助推器燃料不足一样，飞到半空就会渐渐失去动力，最后摔落下来。销售人员如果对自己没有足够的信心，或者对自己的公司和自己所推销的商品信心不足，就会在销售中失去动力，暂缓前进。而且没有自信，也很难感染客户，甚至会引起和增大客户的怀疑。所以，能否充满自信往往直接影响着销售的成败，可以说销售员是否能够充满自信地进行推销，是其能否获得成功的具有先决作用的心理因素。

一般来说，导致销售人员自信心不足的原因主要来自三个方面：

首先，对自己本身没有足够的信心。这类销售人员在从事销售工作时，常常会产生"心有余而力不足"的感觉，他们常常觉得自身条件差，怀疑自己的销售能力，认为自己不适合做销售工作，进而产生懈怠心理；或者是因为自身性格因素，在遭受一点挫折以后，产生了严重的挫败感，轻易选择放弃，而不敢继续争取。

其次，对自己所在的公司信心不足。销售人员有时候会因为对自己所在公司或者企业的实力、前景、信誉等持有某些怀疑，而不能获得应有的安全感；或者不能得到公司为自己提供的相应的环境和机遇，而对公司失去信心。这使得销售人员得不到必要的归属感和安全感，进而减少自己的工作热情，态度变得消极懈怠。

第三，对自己销售的产品信心不足。商品是销售人员与客户交易的最直接的东西，产品的好坏对销售人员的心理也是有很大影响的。如果销售人员觉得自己销售的产品质量不高、价格太贵、与同类产品相比缺少竞争力，就会对产品失去信心。在进行推销的时候也会心中没谱，底气不足，害怕客户挑剔，害怕客户发现过多毛病而使自己丢面子。

以上因素都会对销售人员的心理产生影响，使销售人员自信心不足。既然心中充满各种疑虑，内心不踏实，销售人员在面对客户时，就无法正常地发挥自己的潜力，就会影响销售，使其工作难以顺利进行。销售人员只有克服这种信心不足的状况，以积极的态度去进行工作，才会取得好的业绩。

李海刚进入一家保险公司，但因为该保险公司是一家中外合资的寿险公司，刚刚进入中国市场，属于起步阶段，各个方面的发展还不够完善，因此李海的内心缺少一定的安全感，他害怕公司只是自诩实力雄厚。尽管潜在市场十分广阔，但是他却不敢轻信，始终对公司抱有怀疑的态度，心里总是难以安稳下来。所以进入公司前曾经的雄心壮志渐渐都被李海丢弃了，而且其工作热情不高。虽然公司的一切都在逐步地步入正轨，业务员也越来越多，但是李海却越来越没有自信。每次出去面见客户，他心里总是不踏实，害怕客户问起公司的情况，或表示质疑。所以他推销公司各种险种时，总是闪烁其词，很难取得客户的信任，从而导致交易失败，最后李海不得不离开了公司。在他离开的一年后，该公司就得到了极大的发展，被市场广泛地接受。于是李海非常后悔当初没好好干。

李海没有认清公司的具体形势，就轻易地对公司失去信心，并且在消极心理的影响下，情绪低落、言行怯懦、消极怠工，使工作毫无建树，更加挫伤了自己的自信心，最终选择了离开，错过了良好的发展机遇。这就是信心不足导致的结果。

不管在什么样的情况下，销售员都要学会培养自己的信心，正确地认识自己所处的行业，使自己对销售工作有一个充分的了解，找到两者之间的结合点，从而发挥出自己的特长。在对公司的认识上，要真诚地与公司进行合作，努力维护公司的利益，这样既能体现出自身的价值，也可以得到公司的认可，增加自己的归属感和安全感，使自己对公司充满信心。此外销售人员还要熟悉自己所销售的产品，掌握产品的性能、品质，分析出它的优势和劣势，以便在销售中扬长避短，赢得客户的信赖，同时也培养起自己对产品的信心。

相信自己，相信自己的公司，相信自己所销售的商品，这是销售员全心全意地投入到销售工作的首要保证。只有信心十足的销售员才会以饱满的激情对待自己的工作和客户，并对工作中的每一个环节都全力以赴，使自己离成功越来越近。

拥有积极的心态，才会做出更大的成绩。积极来源于信心，销售人员只有对自己充满信心，对自己所在的公司和所销售产品信心十足，才会在销售工作中积极地争取、执著地奋斗、勇敢地面对，充满激情和动力，这就是信心的力量。克服自信心不足的心理弱点，提高自身的心理素质，增加前进的动力，销售人员就能以积极的姿态面对工作，面对客户，并努力争取成功。

越是怯场的时候，越要勇敢

每位销售员都有这样或那样的梦想，但梦想成真者，往往不占多数，其主要原因，就是缺乏一颗勇敢的心，想为而不敢为，结果就一事无成。在每位销售人员的工作中，都会经历许多害怕做不到的时刻，因而他们画地为牢，裹足不前，使无限的潜能化为有限的成绩。

作为一名销售人员，请你记住一句话：成功就在你的身边，就看你有没有一颗勇敢的心去采摘胜利的果实。失去金钱的人损失甚少，失去健康的人损失极多，失去勇气的人损失的是一切可能。

销售人员必须具有一颗勇敢的心。

从事销售活动的人，可以说是与"拒绝"打交道的人。在现实生活中，不会有客户见到销售人员上门来推销商品时，会笑容可掬地出门相迎说："欢迎欢迎，您来得正好，真是雪中送炭"，随后便主动付款成交。果真如此，就用不着销售人员了。销售人员从举手敲门、客户开门、与客户的应对进退，一直到成交、告退，每一关都是荆棘丛生，没有平坦之路可走。

有人把销售工作比喻成一场战争，并引用一位在战争中失去一条腿的军官的话来描述"看不见的敌人"的可怕："最恐怖的是眼睛看不见的敌人。跟眼睛看得见的敌人作战，心中多少有些充实感；但在密林中作战，看不见敌人，冲进去却没有抵抗，时间5分钟、10分钟过去，安静可怕得令人窒息。恐怖成了我们心中的敌人。"

销售人员也有两大敌人：看得见的敌人——竞争对手；看不见的敌人——自己。

销售人员在面对日复一日的拒绝时，如果没有顽强的斗志和必胜的信念，免不了会产生"太受打击了，我实在是坚持不下去了！"的逃避思想，这就是心中看不见的敌人之一。要想战胜这种看不见的敌人，除了销售人员自己给自己鼓劲外，别无良策。

销售是勇敢者才能从事的职业。

从事销售活动的人，可以说是与拒绝打交道的人。销售是向准备拒绝你的人销售产品，让无心购买东西的人购买你的产品，可想而知它的难度有多大。所以说，销售是一种高风险的行当，不是一些懦弱的人所能承受的，只有勇敢者才有希望在销售行业中建功立业，成就辉煌人生。

在销售过程中，销售人员第一个销售的应该是他的勇气，这是每一个从事销售工作的人员都要牢记的法宝。

对销售人员来说，最需要勇气的就是敢于面对客户的拒绝。销售是一种销售自己的职业，更是一种勇敢的职业。当销售人员向别人销售产品时，他们面对的不仅仅是别人，也是自己。有一些销售人员，当他们在销售过程中遭到拒绝后，往往会产生一种心理障碍，害怕再去向别人销售商品。所以，勇敢的心是非常重要的，勇气是你行动的动力。作为销售人员，应该克服自己的恐惧心理，让勇敢在你的心里生根发芽。

接受挑战，超越自己

在事业发展的道路上，必定要经受很多挑战。挑战既蕴含着一定的风险，又潜藏着成功的机会。面对挑战，只有勇敢地起身迎接，主动承担重大的责任，才能从中抓住成功的机会。比尔·盖茨曾经说过："如果你有很强的责任感，能够接受别人不愿意接受的工作，并且从中体会到辛劳的乐趣，那就能够克服困难，达到他人无法达到的境界，并获得应有的回报。"做到这一点固然不容易，但是作为一名销售人员必须知道这样的一个事实：成就任何一番事业都不可能是轻而易举的，为了事业的发展和企业的利益勇于承担重责，这是每一个企业员工都应该尽全力做到的事情。

在一次与客户针对某些问题进行谈判的过程中，某公司的销售部经理刘某由于措辞不当惹怒了客户。这位客户是一家大房地产公司的业务代表，如果不能挽回客户的好感，那么公司失去的就不仅仅是这笔交易，还将失去与这家房地产公司的很多合作。失去这样一位大客户，会对公司的销售总额造成很大的冲击，公司因此遭受的损失也不可估量。

为了重塑与这位大客户之间的友好关系，更为了维护公司的利益，公司召开特别会议，决定派出得力人手去完成这单业务。公司每一位部门经理及销售人员都参加了这次会议，不过每一位参加会议的人都知道，这项任务既艰难又有很大风险，因为一旦完不成，不仅根本目的实现不了，而且还会在公司内留下"爱出风头"的印象。况且，要真想完成这项任务，实在是太难了。大家都清楚，重塑客户关系要比最初拓展客户时更为艰难，因为这首先要消除客户内心的强烈不满。而这项工作本身就充满了挑战，在消除客户不满的同时，还必须要进一步加强与客户之间的沟通与交流，并且达到继续与客户保持长期合作的目的。

因此，参加会议的每一个人都不敢贸然领命。当公司领导提出这项议题之后，大家都保持沉默。看到这种情形，公司总经理又意味深长地说了这样一段话："第二次世界大战中，美国最受人尊敬的军事家巴顿将军曾经指出，在作战过程中，每一个人都必须肩负起自己应尽的责任，要到最需要你的地方去，做你必须做的事，而不能忘记自己的责任。巴顿将军还说，当敌人来犯时，如果谁能主动请缨完成极富挑战性的重任，并且能够尽自己全部努力完成自己肩负的重任，那么这个人就是最值得人们崇敬的真英雄。如果一个人在战场中一心想着远离前线作战，不肯为完成任务而担负风险、付出努力，那么这种人就是地道的胆小鬼，这种人永远都只能得到人们的唾弃。"

听了总经理的话之后，与会者均不由感到非常难堪，刚刚从公司项目部调到销售部不久的销售人员小宋内心也受到了很大触动，他其实有过接受这项重任的念头，因为他在项目部的时候，曾经与那位客户在一个项目中进行过合作，彼此都留下了不错的印象，可是小宋也有和其他人一样的顾虑，所以一直保持沉默。在听到总经理的话以后，小宋觉得自己不能再沉默下去了，于是他站起来主动请求接受这项重任。

就这样，在众人有些惊讶又有些不屑的目光中，小宋接受了重任。后来，小宋通过艰辛的努力终于赢得了客户的好评，并为公司赢得了与客户的长期合作关系，小宋也逐渐由销售人员成为部门经理，后来又成为公司的销售总监……

对于销售人员来说，主动承担起具有挑战性的重任，就意味着主动将种种风险加诸于自己身上，比如挑战失败的风险、工作过程中的困难与挫折等，所有的风险都可能会使自己的工作遭遇困境。正因为这些风险的存在，所以很多销售人员都不愿意主动迎接那些具有挑战性的重任，甚至当公司把这样的重任放到他们身上时，他们也会想尽办法用一些不痛不痒的理由摆脱这份重任。

然而，企业中也存在这样一些销售人员，他们不但会积极、自觉地承担公司赋予的重任，而且还会主动为自己创造一些颇具挑战性的工作，与他们在完成这些挑战性工作、肩负重大责任的重重风险相对应，他们在完成这些工作、履行重大责任的同时，也获得了成功拓展未来事业发展的大好机会，而且他们在承担重任过程中所积累的知识、经验和能力又为其未来事业创造了有利条件。

将进取心转化为前进的动力

一切成就、一切财富都开始于同一个意念，即积极进取的意念。只有在强烈进取心的驱动之下，人们才能够产生向前奋进的强韧动力。如果一个人连一点进取心都没有，那么这个人做任何事情都不会产生一丝一毫的积极性，更不会形成前进的动力。而销售工作充满艰辛和磨难，如果没有源源不断且足够强劲的动力促使销售人员不断开展积极的行动，那么销售人员的工作将寸步难行。

王女士原来是某国企的一名普通女工，1999年她所在的企业进行全面改革，也就在那一年，她38岁下岗了。王女士的丈夫过去是一名合同工，1995年下岗，之后支起了一个煎饼摊，生意勉强能够维持家里的一部分开销，王女士的工资基本上也全部用到孩子的教育上了。

王女士的下岗对于这个经济上本不宽裕的家庭来说无疑是雪上加霜，而王女士的情绪也因此非常低落。

后来，王女士心想，消极的思想对于自己的艰难处境没有任何益处，而且丈夫也告诉她，要想使自己的生活和心情变好，那就必须要以一种积极进取的心态来面对眼前的一切。

渐渐地，王女士的思想变得积极起来，而且她还告诉周围的亲朋好友，说自己现在迫切地渴望改变自己和家人的处境。

事实上，王女士也有这样的条件，她过去在国企时是一名业务骨干，且具有很好的人脉资源。后来，她在朋友的介绍下进入一家民营企业做了一位销售人员。在加入到这支销售队伍之后，王女士的情绪发生了明显的变化，她开始变得积极热情起来。而且，见到朋友时常常滔滔不绝地介绍她的产品，与她有过接触的很多人都能够从她身上感受到一种发自内心的对成功的强烈渴望。

其实王女士的成功欲望非常简单，就是希望上初中的孩子以后能够上好的高中、大学，还有就是能够拥有一辆不错的汽车，这样可以方便家人出行。王女士要实现这个心愿就必须努力工作、多出业绩，所以从加入销售行列之日起，她就经常到朋友那里推销，并希望朋友给她介绍更多的客户。

这时的王女士已经完全摆脱了以前的沮丧，进入了一种十分积极勤奋的状态。她的这种对成功的强烈渴望成为她以后创造高业绩的强劲动力。

进取心是一种对于自己所向往目标的强烈愿望。销售人员的进取心从大的方面来讲，可以说是一种对于自身销售事业取得成功的强烈愿望，而从小的方面来说，则是指销售人员在每一次具体的销售活动当中对于销售取得成功的强烈愿望。

也许一些销售人员看到这里时，心里会不屑地想："谁不希望自己成功？不仅仅是销售人员，任何一个行业的人，有谁又会希望自己失败呢？"

诚然，任何一位销售人员都会期待自己的销售事业不断取得更大进步，都会希望自己的每一次销售活动能够实现交易的成功。

可是，这种平常意义上的期待与希望并不能代表进取心。

只有当销售人员对于自己的销售事业及具体的销售活动具有强烈的成功欲望时，才能激发自己的进取心，进而才有可能产生积极进取的前进动力。

还有一些销售人员提出质疑，对于成功的强烈渴望难道还不容易有吗？要做到这一点很容易，可是即使拥有了强烈的成功欲望，我们又当如何将这种欲望转化为前进的动力呢？

其实，对于成功的强烈欲望并不是每一位销售人员与生俱来的，它也需要培养，而要想让这种欲望转化为前进的动力，同样需要一定的努力。

别在最后一刻倒下

做事浮躁，没有恒心也是销售员在工作中最容易出现的心理问题。销售工作面对的客户群是十分广泛的，销售员会碰到各种各样的人，有的很随和，有的很挑剔，有的只是看看，有的却是真心购买。因此，前来光顾的人比较多，但是最终成交的却没有几个，这是很正常的现象。不可能每一位光顾的客户都会毫不犹豫地购买你的产品。而销售员的工作就是在所有可能购买的客户中争取更多的客户来实现交易，这也是销售工作极具挑战性的一点，既会吸引有志之士，也会吓退无志之人。在销售工作中，销售员不可能不遭到客户的拒绝，即使这样，销售员也应该毫不气馁地继续争取、争取、再争取，如果稍微遭受不顺就失去恒心，轻易放弃，只会使客户越来越少。

没有恒心，"三天打鱼，两天晒网"，或者浅尝辄止、半途而废，都难以在工作中取得成功。想要作出不菲的成绩，或者成就不凡的事业，没有持之以恒的精神是不行的，没有任何一个喜欢半途而废的人能够获得伟大的成就。就像挖井取水，虽然地址选对了，但有的人挖了3米就不再挖下去，而轻易下结论说"此地无水"，选择了离开；有的人挖了5米，也渐渐失去了耐心，觉得是挖不出水的，也选择了放弃；而有的人却坚持不懈，一鼓作气地挖下去，挖到6米的时候，就看到了汩汩涌出的泉水。只要再坚持一会儿，再挖几米就能挖到水了，但是他们选择了半途而废，于是最终失败了。

其实，有时候成功与失败，杰出与平庸之间就差那么一点点的距离，谁有恒心，谁能够坚持到最后，谁就会取得胜利。

持之以恒是通向成功必备的品质，面对困难永不放弃是销售人员应该具备的良好的心理素质。

但是不少销售人员在工作中却缺乏恒心，遇到困难和问题就会轻易退却，从而阻断了自己走向成功的道路。

有的销售人员听到客户说"容我再考虑考虑"的话语时，就觉得销售没戏，便放弃了继续推销的努力；有的销售人员在面对客户的苛刻要求时，认为客户是在有意为难自己，便退避三舍放弃了继续谈判；有的销售人员做过一段时间以后，发现业绩一直没有提高，便失望气馁，放弃继续努力，甚至认为自己不适合做销售，最终选择离职。

这都是销售人员缺乏恒心的典型表现，缺乏恒心导致销售人员在工作中失去了坚持的精神，产生消极的心理，轻易选择放弃。这对销售人员的近期和长远发展都是很不利的，值得销售人员进行反思并努力改正。

销售人员一定要克服浮躁心理，改变缺乏恒心的缺点，培养起坚强的毅力，做事持之以恒，坚持到底。在推销过程中不要操之过急，要有耐心，努力争取潜在的客户。同时要学会激励和鞭策自己，增强自己坚持的动力，日积月累，最终获得出色的成绩。在多次的销售中要坚持到底，在整个销售生涯中也要持之以恒。

销售工作最需要经验，而经验都是在日积月累中慢慢获得的，没有恒心是无法学到的。只有持之以恒，披荆斩棘，才能最终走向成功。

著名的哲学家康德曾经说过这样的话："我已经给自己创造了道路，我将坚定不移。既然我已经踏上了这条道路，那么任何东西都不能妨碍我沿着这条路走下去。"

这句话对于销售人员亦不无启迪。既然自己选择了销售工作，就应该毫不动摇地坚持下去，即使经受再多的困难和阻碍，也不能轻言放弃。要想成为优秀的销售人员，就一定要具有持之以恒的品质。

挫折和失败是销售工作中的家常便饭，销售人员需要有很好的心理素质，失败后不要轻易走开，而是在跌倒处站起来继续争取，不断地积累经验教训，培养自己的恒心和意志，在优胜劣汰的激烈竞争中，不断进步，最终成为大浪过后留下来的闪光金子。

不妨对客户再包容一点

在销售过程中，难免会出现一些不被理解和误会，销售人员具备包容心，会使双方都将误会放在包容之中，将销售过程中所谓利益争夺战转化成轻松的交谈，在和谐的气氛中达成交易。

客户的性格不同，人生观、世界观、价值观也不同。即使某位客户在生活中不太可能成为朋友，但在工作中他是你的客户，你甚至要比对待朋友还要好地去对待他，因为这就是你的工作。

所以说，销售人员要有很强的包容心，包容别人的一些挑剔，包容别人的一些无理。因为客户有的时候就是喜欢挑三拣四，斤斤计较，甚至有点胡搅蛮缠，什么样的情况都会有。

不管客户如何挑剔、指责，我们都要包容和接受客户的建议。我们不怕客户有建议，最怕的就是客户不提建议，根本就不关心我们工作的好坏，产品的好坏。

如果大多数客户不理我们，那么我们的企业就离倒闭不远了，销售人员也离失业不远了。因为只有他们对我们寄托希望，充满信心，才会不断地提出宝贵的建议，让我们做得更好。

所以我们要真诚地对待客户、包容客户、感谢客户，理解客户的良苦用心。

一位新上任的商场经理，对连续3个月销售排名第一的一位销售人员感到非常不解。据好多人讲，这位女销售人员其貌不扬，也不善于言谈，可她铺位的鞋销售得非常好，销售额已经连续3个月在40个铺位中蝉联第一。全商场都是鞋，一个既不善于言谈，也并不太靓丽的销售小姐，客户为何垂青于她？

对于这个疑问，经理想弄个明白。于是，他前去观察。看后，终于明白了其中的道理：这位女销售人员主要经营女鞋，女士买鞋总是喜欢试来试去，这位销售人员不厌其烦，还建议客户再多试几双。"没关系，多试几款，总有一款适合你！"面对客户的挑剔——颜色不好、款式难看、做工粗糙，她总是面带微笑地说："要不再试一试这双！"所以，客户一直试下去，直到满意为止。即使客户试了几双，确实没有合适的，表示不买，这位销售员还会面带微笑地说："没关系，欢迎下次再来！"

而其他铺位的销售人员在客户试过三款之后往往就非常不耐烦了，要么开始极力销售，要么表示出不耐烦："就这几款，只是颜色不同。"要么就是："您最好快点，我那还有客户呢！"要么就是："这个价格，还能有多好的做工，有做工好的，价格高，您要吗？"作为客户，谁不想"物美价廉"，你说价格高客户会要吗？

正是凭借着这种对客户的包容，这位销售人员才赢得了客户，实现了良好的销售业绩。

大千世界，无奇不有，什么样类型的客户都有。但是客户是上帝，上帝有挑剔和选择的权力。有时候上帝的脾气古怪，有时候做事不可理喻，但他是上帝，所以有这样的权力。你要做的事情不是去埋怨上帝为什么这么不通人情，而是用自己的技巧去赢得上帝的欢心。

客户有的对公司挑剔，有的对产品挑剔，有的对人挑剔，有的说价格高了，有的说产品差了，有的说送货晚了，有的说服务不周到了。这些都是销售人员会不断遇到的问题。

不管你的企业做得多么优秀，产品如何好，总会有不满意的客户。而作为一个优秀的销售人员，他必须勇敢地面对这些问题，用包容的心态去接纳客户，并且及时提供解决方案。

所以艰巨的销售工作造就了销售人员良好的包容和应变能力。他们会对不同性格、不同年龄、不同性别、不同文化、不同要求的客户采取不一样的解决方法。最后让客户买得放心、买得高兴。

　　总之，只要销售人员在自己的心中装满宽容，那样就会和客户少一分阻碍，多一分理解，也就多了一分成交的机会。否则，将会被挡在通往成功的道路上，直至被击倒。

　　销售人员要包容客户的无知、挑剔，甚至是无理，对客户要有认真负责的态度，充分考虑到他们的利益和难处，不能因为客户缺乏知识或缺乏常识而表现出不耐烦。同时，对待客户要真诚，要给予适当的情感尊重，对于客户的为难、抱怨等要给予理解，并予以正面引导。

第二章

心理吸引，拉近客户和你的距离

用你的热情去感染客户，并将这种热情转变为行动的思想，转变为一种动能，让客户喜欢你。不要和你的客户太过计较，要把他们当成你的朋友，以包容的心态去对待他们，你会发现在推销过程中更容易进入角色，效果也会更好。

给顾客良好的第一印象

在实际的推销工作中，有的推销人员推销商品的成功率比较高，而有的推销人员推销商品的成功率就比较低，尽管两者的推销能力不相上下，推销的商品也都相同，但这一差距始终存在。究其原因，主要是后者给准客户的第一印象不好，对方不愿和这样的推销人员打交道，因此造成了他们推销的成功率一直不高。

第一印象在心理学上被称为"最初印象"，它是指人们初次对他人直觉所形成的印象。

这种印象往往十分深刻，并将对今后的人际交往起重要的作用。

通俗地讲，第一印象就是和他人初次见面的数分钟内，对方在你身上所发觉的一切现象，包括仪表、表情、态度、举止谈吐、说话声音等。人们依此来形成对你的基本看法和评价。

显然，第一印象好，别人对你的看法和评价就好，这样你就容易和对方建立起人际关系，否则，你就难以和对方建立人际关系。所以，对于从事商业推销的人来说，第一印象犹如生命一样重要，你给客户的第一印象往往决定交易的成败。

第一印象的内涵十分丰富，它包括很多因素。推销人员访问准客户时，为确保给对方创造良好的第一印象，必须注意以下几方面：

1.个人仪表

头发要整齐干净，不要有太多的头皮屑；脸和口腔都要保持清洁，胡须长了要剃掉，装束要整洁大方、协调一致。

2.礼节

推销人员拜访准客户时，一定要讲究礼节，如对方伸出手来，你一定要伸出手与对方握手。握手要用右手，不可用左手，男性推销人员手上不可戴手套，女性推销人员一般可不用脱手套。握手时要显得有力，以表示你的热情，但也要注意不可用力过猛。按我国的习惯，称呼对方时，一般用姓氏加官衔、职称、职业或学衔，比如，刘经理、王厂长、孙处长、李科长、赵主任、何教授、周高工（高级工程师）、卫老师、余博士、刘医生等。对于普通的消费者，则可以大爷、大妈、师傅、同志、先生、太太、小姐或女士等相称（女士大多在不清楚对方是否已婚的情况下使用）。对于长辈最好不要直呼其名，这一点和西方国家有所区别。在对方没有就座以前，推销人员不应急于坐下，当对方坐下以后再坐下。要随手关门，关门时动作要轻。

3.言谈举止

推销人员的言谈举止应显得文雅、潇洒、有修养，粗俗的言语和鲁莽的举止，会给准客户留下不好的印象。

4.表情和态度

初次拜访准客户时，推销人员的态度和表情在给对方的印象中有很大影响。推销人员的表情应显得温和、亲切，面带笑容，态度要热情和蔼，这可使对方感到心情舒畅和愉悦，对方无疑会对你产生好印象。倘若推销人员表现麻木、脸色阴沉、态度冷漠，那么你给准客户的印象一定不好，对方会认为你是一个对工作、对客户缺乏热情的人，谁愿意和这样的人做生意呢？

5.说话的声音和语调

推销人员初次拜见准客户，还应注意自己的说话声音和语调。说话的声音和语调不好，也会影响到对方对自己的第一印象。比如，尽管推销人员仪表不错，但是说话的声音和语调却阴阳怪气，对方就会对你持怀疑态度，甚至产生恐惧感；或者，说话的语音粗鲁，仿佛是在和谁吵架，对方则会对你产生缺乏文明与修养以及办事马虎草率的印象，于是你的推销访问注定要失败。所以，推销人员说话的声音一定要柔和、圆润，语气要显示出热情和亲切感，这样准客户听起来就会感到舒心，从而对你产生良好的印象。

提高亲和力，让人喜欢你

人是自己的一面镜子，你越是喜欢自己，你也就越喜欢别人。而你越喜欢别人，别人也越喜欢你，你也就越容易与对方建立起良好的友谊基础，我们都有这种体会，一个被我们所接受、喜欢或依赖的人，通常对我们的影响力和说服力也较大。所以，推销员能够做到让客户喜欢，那么，他也就很容易接受你的建议，而人的购买动机的产生，并不全是因为你的产品，对你个人的看法，也会影响客户的购买动机，人们不会向自己所讨厌的人买东西，常常自然而然地愿意购买自己欣赏的人销售的产品。

亲和力是人与人之间建立信任和友谊的基础，也是影响和说服别人的最基本条件。对于推销员来说，它也是促使人们舒心购物的必不可少的条件。它使顾客基于信任减少了对推销员的怀疑态度。如果把推销员和顾客的交流比作两个齿轮互相磨合，那么亲和力就是齿轮间的润滑油，它能使整个销售在亲切友好的过程中进行。所以，学习如何在销售中充分地表现出自己的亲和力，是一个优秀的销售人员所不可或缺的能力。

成功的推销员都具有非凡的亲和力，他们能够在不经意间使用这种力量，与任何人、在任何时候建立起亲切的关系。他们能与医院走廊的看门人建立起这种关系，也能走过通往总裁办公室的红地毯，与总裁建立起亲切的关系。他们会利用亲和力让任何人放松下来，博得对方的信赖，让客户喜欢他们、接受他们。当你真正与客户有亲切感时，你就能了解他们的看法（你并不一定要同意），与他们融洽地沟通。亲和力能让你从你的世界进入到买方的世界，这样，客户就愿意跟着你走。

那么，作为推销人员应该怎样练就自己的亲和力呢？

首先，要坚持以下几个原则：

（1）时刻记住人情味是拉近关系的关键。

（2）找出你和客户之间的共同兴趣和联系。

（3）做一个细心的观察者，观察客户的说话方式、姿势、手势、眼神和话语暗示。

（4）练习和模仿你的朋友和家人有亲和力的地方。

（5）联系时注意地区和文化的差异。

（6）练习多种沟通方式（语言或非语言的），尽量与顾客性格合拍。

（7）务必练习让你变得讨人喜欢的所有特质——无私、乐观、谦逊、温和、领导气质和幽默感。

（8）尽量使客户发笑，创造轻松的谈话氛围。

接下来，我们提供一套增强亲和力的练习方法。

1.深刻地认识自我

人贵有自知之明。一个人只有深刻地了解自我，才有了解他人的基础。所以，在了解客户之前，先深刻地认识一下自己，这才是真正具备良好的人际亲和力的基石。

每个人在成长的过程中，都曾或多或少有过一些创伤和问题，可能你在童年时代感觉到过自卑，或者自傲，或者是以自我为中心，或者曾经遭受到各种各样的心灵上的创伤，而这些问题的存在，都会影响到成年之后与人交际的能力。这就需要我们深刻地认识自己和了解自己，摈弃童年时期的阴影，自我反省，重新开始。

2.加强交流实践

在深入了解自己的基础之上，进行人际交流的实践是加强人际亲和力的重要过程。在与人交际的实践中，别人作为一面镜子，能够折射出自己的某一面，从别人的身上，可以看到自己心灵中某些自己看不到的侧面。在与他人的交流和实践中，可以不断强化自己的实战能力，随时修正自己。

有一些人可能由于种种原因缺乏与他人沟通的环境，显得木讷寡言，并且容易紧张害羞。而想要在销售行业工作，就要加强语言方面的练习，这样，他们和人交往的能力在实践中就无形地增强了。所以实践是增强人际亲和力的必经课程。

3.学会包容和理解

每个人都有自己独特的看法，这些观点在和其他人交往的时候，都会影响到对他人的评价。当他是从自己的世界观、人生观和价值观去评价他人时，就没办法去深入理解他人的内心深处的感受。所以在洞察自我的基础上，在人际交往的实践中，销售人员要不断地放下自己的固有的价值观的标准，耐心地倾听来自他人内心深处的声音，这样就能看到与自己不同的内心世界。坚持去这样做，销售人员就能够增强人际亲和力。

4.防止烦躁情绪的干扰和破坏

当人们处在高度的压力下，很容易产生焦虑的情绪，许多内在的情感需求得不到满足，就会不断地从潜意识中浮现出来，导致自己烦躁不安，这时，人们可能会不由自主地发脾气，会因为一些鸡毛蒜皮的小事而生气，而这些不良情绪会给自己的人际关系增添许多麻烦，导致人际亲和力下降。

通过以上各方面的练习，销售人员一定能够赢得更多客户的信赖，取得更好的销售业绩。

把客户的名字记在心里

当你问一位擅长销售的人"世界上最美妙的声音是什么"的时候，你会听到的答案是"听到自己的名字从别人的口中说出来"。通常，一个人能够叫出另一个人的名字，就会使对方感到非常亲切；反之，对方会产生疏远感、陌生感，进而增加双方的隔阂。

对于推销员来说，不可避免地要与陌生人打交道。有时候，明明自己的态度非常诚恳，语气亲切和蔼，可怎么就是不能获得客户的"芳心"呢？这个时候，我们是否应该从称呼对方上下手寻找原因呢？仔细回忆一下，你对于对方的姓氏了解了多少，你在乎他的头衔吗？你的称呼是否足够亲切自然？有时候叫别人先生，还不如叫对方老师；叫对方小姐，还不如叫她同志。这些称呼不但让人感觉心里舒服，还会有种受到尊重的感觉。而就是这样简单的问题，却让叫出客户名字与不能叫出客户名字的销售人员之间的业绩相差悬殊。

既然记住对方的名字这么重要，我们就一定要好好记住对方的名字，在第二次见面时准确无误地叫出他的名字，但是，这个对于很多人都感觉有些困难。尤其是推销员每天都在和各种客户打交道，也许他们的客户是几百甚至上千人，怎么能够牢固记住对方的面孔，并把名字对号入座呢？

销售大师罗伯特·舒克年轻时听过一位记忆专家的训练课，获益匪浅，由此认识到记住别人名字的重要性。此后，他还翻阅了有关书籍，听了其他一些讲座，巩固其所学。

那位专家提出：记住名字与面孔，有以下几个原则。

1.集中注意力

心理学研究表明，记忆力问题其实是注意力问题。人们都说眼睛是心灵的照相机，能把我们看到的东西记录下来。闭上眼睛，那些东西就会出现在脑海里，就跟看相片一样。大脑之所以记得，大都是因为用心看了，记姓名与记面孔是一个道理。要想记住别人的名字和面孔，要集中注意力，这也有助于克服你与陌生人见面时的拘束感。

2.反复记忆

我们都可能经历过这样的情况，刚刚认识的人，不过10分钟，就忘了对方的名字。如果不多重复几遍，也记不住。要想记住名字，一个非常有效的办法就是在谈话中反复使用，多次重复。比如，如果你正在和一个客户交流，你可以反复叫他的名字："某某先生，您的名字我念得对吗？""某某先生，您出生在费城吗？"

你可试着把他们的名字编成顺口溜，牢记在心。这个方法帮了罗伯特·舒克不少忙。一次，他与四名牙医会面，他们作介绍时，罗伯特就在想该用什么方法来记忆呢？突然间他想起了一个神话故事，便用谐音把名字串成一句话，很容易地就把对方的名字记住了。

如果是熟人，见面时要叫出他的名字。大家都愿意别人喊出自己的名字。所以，不用管他是干什么的，也不管他和你什么关系，都可以直接叫出他的名字。

你也可能会碰到这样的情况，见到一个熟人，却想不起对方的名字？这时候我们该怎么办呢？先不必着急，这样的事人人都会碰到，可以开玩笑似的直接说你忘了："我从不忘记别人的名字，可这次竟一时记不起您的大名，因为能见到您实在是太让我激动了。"

你可以把要记的名字列个单子，在茶余饭后多念上几遍，相信一周时间就可记住。

总之，只要不断地练习，记忆力就一定会变好。如果有可能，可以在与客户见前，利用一些时间熟悉对方，利用零散时间，不断地"重复"他的名字。

3.随时随地记下他人的名字

无论是从别人那里打听来的名字，还是自己查询的，抑或第一次会面对方告知的，无论何时何地，我们都要及时地把这些名字收录在记事本上，并在每个名字后面注明对方的头衔、职位、所在的公司等，并常常拿出来温习。就像资源库一般，当你记下那些跟自己曾有一面之缘或者还没有来得及有交集的人的名字，随着时间的推移，它们就会变成一大笔丰厚的资源，根据你的需要，随时为你所用。

4.联想

联想也是一个提高记忆力的很重要方法。

很多人的名字后面都有一个有关起名字的小故事，而这些内容，客户都非常喜欢说，所以，如果你觉得一个名字实在太难记，就问一问它的来历。

另外，直截了当地问也是能够产生联想，记住对方名字的好办法。

有一次罗伯特·舒克与好几个人见面，有一个人名叫克林克司·克尔斯，不太好发音，罗伯特·舒克就说："对不起，您能再说一遍吗？"那个人很礼貌地又说了一遍。舒克再问："不好意思，我还是没记住，您能告诉我怎么拼写的吗？"那个人又教了他怎么拼写。舒克还是接着问："您的名字可是不常见，您能告诉我怎么最容易记住吗？"

看到罗伯特这么啰唆，那人会厌烦吗？恰恰相反，那个人很耐心地教他怎么记。这样一来，罗伯特就永远不会忘记他的名字了。当然，他也很难忘记罗伯特了。即使忘记了，一提此事，他一定想得起来的。后来他们不期而遇，罗伯特直接叫出了那人的名字。那人非常高兴，罗伯特自己当然也很高兴。有这样的氛围，生意能不成功吗？

罗伯特对记不住别人姓名的事表示惊讶。他认为这不需要天分，只需要你扎扎实实地做一些非常简单的事情。只要坚持，只要用心去记，集中注意力，不断地重复，用不了多久，客户的姓名和面孔就会深深印在你的大脑中了。而且，大脑使用得越多，记忆力就越好。

当然，作为一名出色的推销员，罗伯特不但要记下客户的姓名和电话，还要记住秘书和接待员，以及其他相关人员的姓名。这么多人，不专心记忆，推销工作肯定受影响。每次见面，只要罗伯特能够准确地叫出他们的名字，他们就会很开心。而他们知道罗伯特认识的人多，就更加高兴。自然，他们也非常愿意帮助他，而罗伯特也的确得到他们的很多方便。

可见，勤记忆，多了解情况，一定能够不断增加自己的记忆力，记住更多人的名字，获得更多客户的好感。

笑容照亮所有人，为你带来黄金

"微笑可以带来黄金"这条定律是美国作家F·H·曼狄诺提出来的，他主张人们应该多多微笑，真心的微笑拥有巨大的魔力，它是销售成功的助推器。

世界上最伟大的推销员乔·吉拉德曾说："当你笑时，整个世界都在笑。一脸苦相没人理睬你。"

美国著名成功学家戴尔·卡耐基说："笑容能照亮所有看到它的人，像穿过乌云的太阳，带给人们温暖。"可以说，微笑是世界上最美的行为语言，虽然无声，但最能打动人；微笑是人际关系中最佳的"润滑剂"，无须解释，就能拉近人们之间的心理距离。

生活中离不开微笑，同样，销售也离不开微笑。微笑，给人留下的是宽厚、谦和、亲切的印象，表达出的是对客户的理解、关怀和尊重。在人们的工作和生活中，没有一个人会对一位终日愁眉苦脸的人产生好感。相反，一个经常面带微笑的人，往往也会使他周围的人心情开朗，受到周围人的欢迎。所以，要想做一个好的销售人员要永远谨记：你虽然无法控制你的长相，但你能控制你的笑容。

当你面对客户时，将个人情绪锁在心里。如果脸上总是能面带微笑的话，那对于你来说就是一笔巨大的无形资产。

即使你的笑容不是那么阳光灿烂，那也不重要，重要的是你时常保持着微笑。

美国保险推销界有一位拥有"价值百万美元的笑容"的推销家威廉·怀拉，他拥有一张令顾客无法抗拒的笑脸，年收入均高达百万美元，因此才获得上述美誉。威廉的迷人微笑并非天生，而是长期苦练出来的成果。

威廉曾经是美国知名的棒球手，40岁退休后去应征保险公司的推销员，他认为利用自己在棒球界的知名度，理应被录取，没想到遭到淘汰，经理告诉他："保险公司的推销员，必须有一张迷人的笑脸，而你没有。"听了经理的话，威廉并不泄气，反而立志苦练笑脸。他每天在家里大笑百次，弄得邻居以为他因失业发疯了，为了避免误会，他干脆躲在厕所里大笑。练习一段时间后，他去见人事经理，以便知道自己的成果，经理说："还是不行。"威廉不认输，继续努力。他搜集了许多公众人物迷人的笑脸照片，张贴满屋子，以便随时观摩学习。另外，他买了一面与身体同高的大镜子放在厕所内，以便每天进去练习大笑三次。隔了一阵，他又去见经理，经理冷淡地说："好一点了，不过还是不吸引人。"威廉并不死心，回去加紧练习。有一天，他碰到社区管理员，很自然地笑了笑跟管理员打招呼。管理员对他说："你看起来跟过去不一样了。"这句话使他信心大增，立刻又跑去见经理，经理对他说："有味道了，不过那似乎不是发自内心的笑。"威廉毫不气馁，又回去苦练一段时间，最后终于练成那张价值百万美元的笑容。

很多时候，即使已经签单的销售员在告别客户的时候，居然也会显得很紧张，一副心事重重的样子，脸上没有一丝笑容。这种表情很容易让客户不满。客户会认为：既然已经达成交易了，你理所当然地应该高兴。但你居然心情如此沉重，难道是产品质量有问题？销售员微笑着离开会让客户产生一种信赖感，会增强客户对所购产品的信心。

无论如何，在面对客户的时候都要养成微笑的习惯。因为你一微笑，对方就会产生亲切感，你们之间的交流沟通就会变得自然多了。然后随着双方交流、理解的加深，你脸上的笑容也会越来越自然亲切。如果你的微笑练到炉火纯青的地步，就算是见再刁钻的客户，笑容也会自然而然地流露出来。

让微笑成为自己的语言。微笑是自信的标志，面带微笑，表明对自己的能力有充分信心，使人产生信任感，容易被客户接受。微笑的背后是良好的心态，是对事业的爱好，对社会和他人的永恒爱心。

幽默让你更有吸引力

在五彩纷呈的推销世界中，推销手段各种各样、层出不穷。推销大师皮卡尔曾经说过：交易的成功，是推销天才的产物。要想成为一个成功的推销员，不仅要具有丰富的知识、热忱的工作态度、良好的服务意识和非凡的勇气、坚忍不拔的精神，还要懂得幽默。

恩格斯认为，幽默是具有智慧、教养和道德上的优越感的表现。推销员在和客户沟通的过程中，适当地表示幽默往往能使沟通效果更好。

现代社会中，推销员似乎并不那么受人喜欢，他们常常会遇到向一个毫无兴趣的团体展示商品、被一个可能成为客户的人拒绝、本来可能售出的商品没有成交等困难。但是，这是非常正常的事情，如果推销员能够在一开始就给客户留下一个非常良好的印象，那么自己更容易被客户接受，推销产品的成功率会大大提升。

那么，怎样才能在一开始就能给顾客留下深刻印象，与其拉近距离呢？不妨使用一下幽默手段，一个善于幽默的人总能够给人留下非常良好且深刻的印象。

原一平曾有这样的经历：

原一平："您好！我是明治保险公司的原一平。"

客户："喔……"

对方端详原一平递过来的名片后，抬起头来慢条斯理地说："两三天前曾来过一个什么保险公司的推销员，他话还没讲完，就被我赶走了。我是不会投保的，你多说也没有任何意义。我看你还是快走吧，以免浪费你的时间。"

原一平："真谢谢您的关心！您听完我的介绍之后，如果不满意的话，我当场切腹。无论如何，请您抽点时间给我吧！"他一本正经，甚至还装着有点生气的样子。

对方听了他的话，忍不住哈哈大笑地说："你真的要切腹吗？"

"不错，就像这样一刀刺下去……"他一边回答，一边用手比划着。

客户："你等着瞧吧，我非要你切腹不可。"

"来啊！既然怕切腹，我非要用心介绍不可啦！"话说到此，原一平脸上的表情突然从"正经"变成了鬼脸，客户和原一平都不由自主地大笑起来。

在特定的环境下，原一平用以"死"相逼的夸张的语言，制造了一个喜剧化的场面，打破了僵局，不能不说是运用幽默的杰作。

正是原一平的幽默，使其迅速接近了客户，消除了客户心中对陌生人的本能戒备和抵触情绪，拉近了彼此之间的距离，最终成功地打开了推销的局面。可见，在销售活动中，机智诙谐能让我们以最快的速度接近客户，使我们的推销之路一路畅通。

幽默的言语往往是个性幽默的外在表现，也是思想、爱心、智慧和灵感在语言运用中的结晶，幽默是一种良好的修养。充分使用幽默语言，会使对方在乐趣中领悟出你所要达到的目的。

当然，幽默并不单单指语言的机警俏皮，还要推销员结合形体、表情、动作等来让自己全身上下都有幽默感，这样才能感染人。否则，板着脸和人说幽默的话，总是让人感觉不舒服，甚至让人产生被嘲笑的歧义。

有一次，原一平的上司高木金次对他说："身材魁梧的人，看起来相貌堂堂，在拜访客户的时候较容易获得对方的好感；而身材矮小的人，在这方面要吃大亏。你、我都是身材矮小的人，我认为必须以表情取胜。"原一平从这番话中获得很大启发。

从那天起，他就以独特的矮身材，配上他经过苦练出来的各种微笑表情和幽默语言，让每一个见到他的客户都不得不被他的幽默逗得哈哈大笑，这样，客户对他感到格外的亲切，陌生感随着笑声消失，彼此之间更容易做进一步的沟通了，生意往往也就这样很快做成了。

这就是幽默的力量，幽默能够让我们轻松地推销出自己的产品，但是，推销人员也要注意怎样恰当地使用幽默：

（1）是否运用幽默要以对方的性格而定。如果对方是一个严肃认真的人，就尽量少用幽默，说话、行事不要太随便。另外，是否使用幽默还要根据具体环境而定。不要追求幽默或者模仿幽默，否则就可能弄巧成拙，贻笑大方。

（2）说话时要特别注意声调与态度的和谐，要表现出对客户充分的尊重，不能盛气凌人也不必卑躬屈膝、阿谀逢迎，这些都不会给客户留下好印象。

（3）千万不要油腔滑调，否则，一不小心幽默便成了油滑，这样会让人生厌。

众多的推销事实证明，想要成为一名优秀的推销员，就必须掌握一些幽默推销的艺术。因为，智慧的人更懂得幽默，你的幽默会引导对方对你的话进行深入的思考。幽默是一个人有智慧的表现，智慧能够引导人不断超越临界，突破教条，战胜自我。

所以，学习一些幽默智慧，把它带进推销领域，形成幽默的推销风格，会使我们在推销行业中游刃有余。

热情接近客户，诚实化解疑虑

美国哲学家爱默生曾说："缺少热忱，就无法成大事"。热忱所散发出来的热情、活力与自信，会引起对方共鸣，使陌生人变为朋友，使枯燥变得有趣，使危机变转机。普通销售员与优秀销售员之间的差别，其实就在热忱而已。这种热忱有一部分辐射到工作上，有一部分散发到客户身上，还有一部分留给你的生活。你的热忱会让产品看起来如此完美，以至于让客户深深地被打动，然后像受了催眠一样心甘情愿地掏出钱包。

热情是销售员必备的素养。只有拥有热情，你才能够：

（1）释放自己的气场，辐射到客户身上。也就是说将自己的热情倾洒到客户身上。你必须先燃烧自己，然后才能让别人感受到你的热量和能量。

（2）替人着想。凡事多替别人着想，尽量帮助别人。一个热情的销售员深知，销售既非强迫贩卖，也非求人购买，而是在帮助他们花合理的代价买到他所需要的东西。

（3）保持热情。当你在路上行走时，正好碰到你的客户，你伸出手，很热情地与对方寒暄，也许，他很久都没有碰到这么心无芥蒂对他热情有加的人了，没准这丝毫不用付出金钱的热情就能促成新的交易。

（4）永保赤诚之心。态度是决定销售新人面对挫折如何成功的基本要求，作为一名销售人员，必须抱有一颗赤诚之心，诚恳地对待客户，对待同事，这样，别人才会尊重你，把你当作朋友。

热情不是销售员的变脸戏法：当面对客户时，销售员要做出热情的面孔，当走出客户公司大门时，销售员马上晴转阴，满脸阴云密布。这样做，你会觉得很疲惫，相当费心费力。

如果你真的热爱销售事业的话，那么即使在感到沮丧时，也不能被情绪控制，而是要强迫自己呈现热情。当你遇到挫折的时候，只要有强大的自我暗示，热情会重新回到你身边。随后，你可以另觅生机。要相信这样一条真理：只要你真诚地对待每一位客户，认真做好每一件应该做的事，出现问题坦诚面对，你的客户就会成为你的朋友。

从礼仪上表现出你的尊重

销售人员需要从内心深处尊重客户，不仅如此，还要在礼仪上表现出这种尊重。否则的话，你就别想让客户对你和你的产品看上一眼。

在你拜访客户的时候，客户会在最初的几分钟内做出是否接受你的决定。甚至你还没有开口，他就已经根据你的外貌、衣着、举止、礼仪、表情、口音对你形成了第一印象，并告诉自己是否与你开始交往。一名销售人员具备良好的礼仪举止和风范，不仅可以打动客户，更可以在和客户交往的时候使之甘之如饴。做大事者，起于细微，想成为伟大的销售员，你要练就良好的礼仪风范。如果忽视礼仪的重要性，会给你的销售工作带来严重影响。

原一平的客户中有位是一家烟酒店的老板。这位老板为人直爽，原一平第一次拜访就促成了交易，可谓相当轻松。这第二次上门只是作为回访，原一平也就比较随便，甚至连头上的帽子都戴得有些歪了。

结果，当天老板不在家，看店的是老板的儿子。这位"小老板"一见原一平的模样，生气地大声说："你这叫什么态度啊！居然歪戴着帽子和我说话，这就是你们明治保险公司对待顾客的礼貌么？我因为信任明治保险公司，所以才投了保，想不到你居然这样无礼，我真是瞎了眼睛啊！"

听到客户这样严厉的斥责，原一平立刻向他赔罪："对不起，对不起！请你千万原谅，我太任性随便了，非常惭愧！"

他一边鞠躬，一边解释说："但是，我发誓，我绝没有轻视您的意思，只因为您已经投保了，我不知不觉中把您当作了自己亲近的朋友，态度上就随便了。这都是我的错，请您宽恕我，请您原谅我好不好？"

看到原一平这样严谨赔罪的模样，客户也笑了："好了，别老鞠躬了。其实，我这样责骂你也有点过分。"他握住原一平的手，向原一平赔礼道歉。经过这一场风波，两人开始很愉快地聊了起来。等到原一平告辞的时候，客户又多购买了3万日元的保险。

虽然最终原一平通过的自己的诚恳挽回了败局，而且还取得了出乎意料的结果，但原一平的心里并不轻松，好多天都被自责和羞愧缠绕着，这是根本不该发生的事！那一刻，原一平已感到无路可走。这件事也给了他一个彻底的反省。从此，他处处注重礼节，讲究仪表美。同时他也意识到：推销是一门深奥的学问，必须具备市场学、心理学、口才学、表演学等多方面的知识。为了提高自身的修养，他坚持每星期六下午到图书馆苦读，这些都使他在推销中受益匪浅。

请记住，销售中的礼仪并不是捆绑你手脚的桎梏，而是让你能循着它把握销售节奏的防护栏。对初学者而言，最好严格地遵循它。当你完全驾轻就熟时，你就可以更加自由地挥洒，不必对某些具体的条条框框过于循规蹈矩。

（1）销售员的外在特征对信息传达的可信度有重要的意义。手势、外表、衣着和语言对信息源的可信度都有暗示的作用。所以掌握良好的肢体和表情，就等于拥有更多的销售力。

（2）要注意避免和克服各种不雅观的举止。不要当着客户的面擤鼻涕、掏耳朵、剔牙齿、修指甲、打哈欠、跷二郎腿、脱鞋、搔痒、用手抓摸脖子、抠鼻子、梳头发、揪耳朵、摸下巴等。咳嗽、打喷嚏时要用手帕捂住口鼻，面朝一旁，并尽量不要发出大声。

（3）姿势要不卑不亢，不慌不忙，举止得体，彬彬有礼，站立时上身稳定，双手安放两侧，不要背手，坐姿端正，不挪来挪去，身体稍稍前倾。

当礼仪已经被内化为你的习惯，融入你的灵魂之中时，你的举手投足之间必然都符合礼仪的精神。你越是遵循礼仪，越会受到他人的尊重，尤其是来自客户的尊重。

第三章

心理认同，先交朋友再做生意

赚更多钱的技巧就是去接触更多的人，不断丰富自己的人脉资源。每一次接触的人，都是在引导你走向一条预期成功的路。而满意了的客户就是你最好的广告。通过人脉介绍成功销售的机会，比直接销售给陌生人的机会大了400~600倍。

学会感情投资，将客户变成朋友

推销员要和客户建立起良好的关系，就必须先和客户做朋友。倘若仅仅把目光放在推销上，只考虑自己的利益，那么你很难在客户心中留有地位。而如果你的客户首先作了你的朋友，那你再谈业务就是轻松的事情了。

朋友的关系是要靠后天培养的，有的销售人员不擅长在销售过程中主动请客户帮助或主动给予客户帮助，一直被动地等着客户先开口，一而再、再而三地失去与客户"建交"的机会。所以才不会拥有快乐轻松的事业，当然也很难有好人缘、好机会和大财富。因为没有与客户进行情感的沟通，"陌生的"客户就会对你表现出不信任感，而对你处处设防。

当你在以后的交往中因为想方设法改变客户之前的不好印象而烦恼的时候，你可以采取以下策略重新挽回客户朋友：

1.与客户建立友善关系

销售人员与客户接触之初就建立友善关系是非常重要

的。它使你与客户和睦相处，彼此信任。建立友善关系包括五个要素：恰当得体的语言，令人愉悦的肢体语言，受人尊敬的举止行为以及善于聆听和诚实守信。

密切的关系往往建立在相互理解的基础上，你完全能从每个人身上找到一些人人都有的共同点，你也会发现秉性、背景以及兴趣大相径庭的人也能在一起很好地合作。

2.把握好与客户接触的尺度

根据一些实际经验，销售人员可以遵守以下几条守则：

（1）当你按响门铃听到有人出来开门时，一定要后退五六步，不可靠门站着。

（2）访问新顾客时，要给主妇送一点实用的小礼物，不管她买不买（可冲淡打扰人家所引起的反感）。

（3）必须自然大方、服装整洁，不让人误认为你是"坏人"。

（4）利用机会为客户做点小事情，如放在门下的报纸，你不妨把它拾起，叠好交给主人。凡是应拾起的东西，都应顺手代劳。

（5）不经客户允许，绝不进入顾客家里。

（6）向客户列举一些实例，让客户自己做决定，适时地通过一些日常谈话拉近与客户的距离。

3.对客户多一些情感投资

随着竞争的加剧，产品、服务越来越相差无几，此时，真正能吸引客户的就是隐藏的利益和深藏的利益——关系、情感、感受和信任。所以，要想成交，就要与客户沟通感情，增加彼此的信任度。不仅要舍得在客户身上花钱，还要舍得花时间投资情感。

对客户多一些情感投资，可以从客户的兴趣、爱好和近期关注的问题入手，当你和客户谈及一致的话题，客户会更加高兴。当客户得知你和他有着共同的爱好，或者你能帮助他实现某种爱好的满足，那客户对你会倍加信赖。为此，你可以通过多种渠道和方式了解客户的爱好和兴趣，在能给予帮助的时候尽量帮助对方。

客户是朋友，只有当我们真正把客户当成了朋友，这才是我们最大的资本。如果你真正能让客户当你是朋友，那么，这样的朋友是会给你的生意带来许多好处的。以真诚的心，去对待每一位客户，把每一次接待，都当作是在为自己的朋友（甚至是自己）服务，这样你就能得到不少的朋友。

真诚待人比什么都重要

巧诈不如拙诚。

人与人之间的交往贵在真诚，只有真诚相待才能够使彼此长久相处。以心换心，你怎样对待别人，别人就会怎样对待你。在销售活动中，也应该遵循这样的心理原则。做销售员首先要做一个真诚的人。

世界上没有完美的东西，一种商品再优良，也难免有不尽如人意的地方。这在销售时就会给销售员造成不利的影响，甚至成为导致销售失败的罪魁祸首。但是事情总有两面，有时候如果善于利用这些不利的因素，反而会使销售员转败为胜，而此时的关键就是销售员要真诚地去面对客户。

客户之所以拒绝销售员的产品，有时候就是因为其销售的商品有瑕疵，有缺陷。这时候，销售员与其遮遮掩掩，不如真诚地指出，向客户说明，客户可能会感到意外，但还是会被你的真诚所感动而决定购买你的商品。

世界上没有永远不被揭穿的谎言，谎言可以骗人一时却不能骗人一世。如果销售员为了获得一时的利益，而用虚假的信息欺骗了客户，虽然一时蒙混过关，但是很快还是会被客户揭穿，这样不仅使自己丢了名声，失去诚信，还会遭到别人的怀疑和猜忌甚至是指责，彻底失去人心。古人云"巧诈不如拙诚"，意思就是说投机取巧、蒙骗欺诈可能会获得暂时的利益，但是一旦被别人识破，只会带来更深的怀疑。而真诚坦率看起来有点笨拙愚蠢，但是却能够深深地赢得人心。因此对于销售员来说，真诚待人是销售工作中最基本的态度。没有诚意的人是无法获得别人信任的。只有真诚的心才能够换回客户的真诚相待。

松下幸之助是日本著名的企业家和成功人士。在他小的时候，由于家境贫寒，小松下9岁就外出打工了。他到了大阪，在一家自行车店当学徒。小松下勤奋、诚实，做事肯动脑筋，受到老板和大师傅们的喜爱。但是，由于他年纪小，只能干些杂活。而年少有志的小松下却一边打杂，一边留心学手艺。师傅们在干技术活的时候，他总是会留心地看，并记在心里，渐渐地学了不少的东西。

就这样，松下在自行车店里一连干了好几年。当时推销自行车是店里最重要的事情。松下也渴望着有一天自己能亲自去推销。于是每当老板或大师傅们向客户推销自行车的时候，他总是羡慕地站在一边，认真地看着听着。

很快机会就来了。一天，一位富商派人到店里来，准备买一辆自行车，并且急着要看货，而此时其他大师傅都不在，老板只好让15岁的松下去试试。松下想到自己终于可以推销自行车了，于是十分兴奋，他吃力地背起一辆自行车满怀激情地向富商家走去。

见到买主后，松下竭尽所能地根据自己学到的东西，不厌其烦地介绍着自行车的性能和优点。虽然之前他觉得自己已经完全掌握，但是由于是第一次实践，所以他说起来还是很吃力，显得结结巴巴的。但是在整个推销的过程中小松下一直保持着充足的热情，态度十分真诚。

富商听完松下吃力的介绍后面带微笑地对他说："真是个热心可爱的好孩子。好吧，我决定买下了，不过要打九折。"讨价还价、商品打折是很常见的事情，于是松下想都没想就立刻答应了。

但是当松下欣喜地飞奔到店里向老板报告了"好消息"

后，老板却很生气，他板着脸说："谁叫你以九折出售的？你再去买主家，告诉他只能减价5%。"松下遭受了当头一棒，心里充满了委屈。但是松下已经和买主许下承诺，如果再到买主那里讨价，实在难以启齿。于是他只好请求老板答应以九折出售。说着说着，他不禁泪水夺眶而出，后来放声大哭起来。这时老板也不知如何是好，毕竟松下还是个孩子。后来富商了解到情况后，被小松下的真诚深深地打动，不仅同意以减价5%购买自行车，还许诺只要小松下在店里一天，他就绝不会到别的店里买自行车。

松下幸之助是一个渴望成功的人，一旦遇到机会他就会努力学习，信心十足，热情洋溢地去推销，最终使美梦成真。强烈的推销愿望使他每次都能够获得意想不到的成功，若干年以后，松下幸之助成立了自己的松下公司，并闻名于世。

做销售，光有热情是不够的，除此之外更重要的是要心怀真诚。现实生活中，有一些投机取巧的销售员总是通过推销一些伪劣商品，用欺诈的手段蒙骗客户，获得一时的利益，但最终还是得到被人唾弃的后果。松下幸之助先生曾说："在这个世界上，我们靠什么去拨动他人的心弦？有人以思维敏捷、逻辑周密的雄辩使人折服，有人以声情并茂、慷慨激昂的陈词去动人心扉……但是，这些都是形式问题。我认为在任何时间、任何地点，去说服任何人，始终起作用的因素只有一个，那就是真诚。"

客户是上帝，心中始终装着客户

哈佛大学著名心理学家威廉·詹姆士曾经说过："人类本质中最热切的需求，是渴望得到他人的尊重和肯定。"这是每个人都有的心理需求，不管是在生活中还是工作中，人们都希望受到重视，希望能够突现自身的地位和价值。因此，感觉到他人的重要性，往往会给对方以心理的满足，使他们产生愉悦感，这样彼此交流起来更加容易。

我们常说相互尊重是彼此之间进行交流合作的基础，那么提升别人的重要性，也是对人尊重的一种方式。让对方觉得在你心里他是很重要的，那么对方就会获得强烈的安全感和归属感，就会将心倾向于你，对你表示信任。在销售工作中，让客户感到自己很重要，既是对客户的尊重，也会使销售员得到客户的青睐，顺利卖出销售员的商品。销售也是一种人际交往，使销售员与客户结识并建立关系。只有建立起好的关系，才会增进彼此之间的感情，使客户心甘情愿地购买你的商品。所以销售员与客户之间不仅是简单的买卖关系，更重要的是一种情感的交流。

人们的情感是变幻莫测的，而引发情感变化的因素有很多，有的会使情绪变坏，有的则会激发人们的正面情绪，"一句话可以把人说笑，同样一句话也可以把人说跳"，只有善于调动人们积极的情绪，让对方感受到自己是受重视的，才会使彼此之间更加容易沟通。

对于销售员来说，打动客户心灵的最好方法，就是巧妙地表现你衷心地认为他们很重要。著名哲学家约翰·杜威说过："人类天性里有一种最深刻的冲动，就是希望具有重要性。"客户当然也不例外。当客户光临你的商店来购买商品，销售员态度冷漠，不理不睬，客户肯定会生气地离开，而且赌气以后再也不来买东西；当你到客户家里推销商品，却对客户表现得不够尊重，客户稍微挑剔一点，销售员就厌烦，甚至和客户争论或者发脾气，那么这样的销售员也一定会被客户轰出门。销售行业奉行的宗旨是"客户是上帝"，作为一种服务行业，销售员应该以友好的态度，努力为客户提供优质的服务，让客户体验到"上帝"的感觉。如果销售员总是想把客户踩在脚下，使劲儿地剥削他们的钱财，这样必然会失去所有的客户，最终走向失败。

对别人表示关心和重视，能够换回对方积极的回应。能够把客户放在心上的销售员，客户也会把他放在心上。"让客户觉得自己很重要"是打动客户内心的一个重要原则，这就需要销售员在细微处给予客户最真挚的接纳、关心、容忍、理解和欣赏。

销售员要学会关心别人。在这个世界上，每个人都有遇到困难、感到难过的时候，而此时就是最需要别人关心的时候，不管是亲人、朋友还是陌生人，也许只要一句简单的安慰或者问候，就可以给他莫大的温暖和鼓励。学会关心别人，帮助别人，这样当你需要关心和帮助的时候，就会有很多的人向你伸出援助之手。别管这个人是你的亲人、朋友还是陌生人，当他需要的时候，如果销售员可以慷慨地献出自己的真心和爱心，说不定哪天他就会成为你最忠实的客户。对他人表现出诚恳的关心，不仅可以让你赢得朋友，也能令你的客户对你和你的产品报以忠诚。

真心实意为客户做好服务

当服务承诺刚好能兑现时，客户的心态就会平衡，也就基本做到了说到做到。当服务承诺低于客户原有的期待值时，客户的心里会非常失望，这也是言而无信的最好证明。这样的情况一旦发生，就很难与客户进行下一步的沟通和交流，为以后的销售工作顺利进行埋下了绊脚石。当服务承诺能够超出客户的期待值，那么，客户的心态就不仅仅是平衡，而是一种满足，甚至是愉悦了。服务如果能做到这般地步，客户所感觉到的那简直是一种享受，那么就有利于今后销售工作的顺利展开。

做到高出客户期望值，你就拥有了一位忠诚客户。而且有时候，这种忠诚会为你带来意想不到的巨大回报。

在一个风雨交加的夜晚，一对夫妻来到一家小旅店求宿，但是酒店客房都订光了，看着这对寻遍所有旅店仍不能入住的夫妇，值班的小伙子伸出了帮助之手："今天晚上我值班，所以我的值班房可以留给您，虽然没有客房那么舒适，但是如果不嫌弃，还是可以将就的，当然，不需要花钱。"

三年之后，小伙子收到一封装有机票的信，邀请他去纽约参加一个酒店的开幕仪式，令人吃惊的是，这家酒店就是那对雨夜求宿的夫妇的产业，他们希望小伙子能够做这家酒店的总经理："我们为您建造了它，因为您是最理想的员工。"

销售人员所作所为能够超越客户的期望，客户的回报同样会超越销售员的期望。

（1）学会调节客户的情绪。在客服工作时遇见已看出有情绪不满的客户，可以将给他的服务换一种方式，让他的期望"升值"以平息不满，甚至转为满意。

（2）随时关注客户可能产生的服务需求，然后找出能够超出客户期望的服务方式。如果您全心全意地为客户提供更体贴的超越客户期望的服务，而竞争对手们却做不到这些，那客户对您的忠诚度自然会提高。

服务客户，不仅仅是一句口号，更要将其融化在销售员的心中，成为指导工作的最高标准之一。当你在抱怨客户对你不忠诚，抱怨没有客户投怀送抱的时候，是否想过是自己的服务出了问题？如果你一味的索取利益，而不愿真诚地付出，那么客户就会转身奔向能让他们获得超值享受的销售员那里去了！因此，做好充足的准备，真心实意为客户服务，总有一天你会收获超值的礼物。

酒桌上交朋友，酒桌下成生意

在谈生意时，很多销售员会发现，与客户双方的利益问题在谈论到一定阶段后有时会陷入僵局。如果双方都不愿意妥协，不愿让步，与其剑拔弩张，让买卖夭折在襁褓中，倒不如采用中国最传统的方式，温和的，友好的，有很大可能取得实质性突破的方式——宴请客户。

好的销售员在请客户赴宴之前，都会有很周密的策划，会给宴请嘉宾一个明确的定义和任务。也就是请客的分类，是同级间的工作餐，还是为达到目的的攻关餐，是为了联络感情的聚会，还是为庆祝合作成功的庆祝餐。由于宴请的意义性质不同，所要达到的目的也不同。因此在邀客户赴约前，自己心里一定要明确：为目地而请客。

小黄年纪轻轻就成了某公司的销售小组组长，他所在的小组，总是全公司销售业绩最好的，公司很多同事都不明白小黄是怎么做到的。这一点，只有他自己知道。

其实，小黄并没有什么特殊的技巧，他只是懂得哄住周围人的胃，每周做工作计划的时候，他总会事先确定要同哪些人见面，然后有条理地安排四顿早餐、四顿午餐和两顿晚餐，与跟他有来往的人士聚餐，这些人可能是客户、朋友、某些有影响力的人，或者一些潜在客户等。在很愉悦的就餐过程中，他会与对方加深彼此的印象。事实上，他每次安排的饭局都是有用的，他总是能找到有利于自己销售的契机。

有一次，他请一位客户吃饭，这位客户早已经把小黄当成朋友。饭桌上，两人聊着最近发生的一些事。客户无意中说道："最近，我的一个朋友要开一家结婚会馆，可是目前，最头疼的问题是客户。"小黄听后，思考了一下发现，自己的很多客户都还是单身，他们也为自己的终身大事烦恼呢，何不介绍这些客户去这家会馆呢？他将这一想法告诉了这位客户，客户听后，也觉得这一方法可行。

于是，这位客户很快约出了自己的朋友，把这个想法告诉他。不久后，小黄成了这家会馆的股东。如今，小黄已经顺利成为了一位成功人士。

这个例子中，不难发现，小黄从一名销售员顺利成为一位成功人士，这种质的飞跃转折于一次饭局。假如他没有请那位客户吃饭，就不会得到助他成功的信息。

宴请客户应该是销售员工作的一部分，许多没有达成的协议可以在饭桌上达成；许多合同细节上的争议可以通过吃饭解决；许多没有谈成的业务，可以通过一顿饭来谈成。因此请客吃饭，在销售员的工作中应该是非常重要的。

（1）好的销售员在请客之前，都会有很周密的策划，会给这次聚会下一个明确的定义和任务。

（2）由于吃饭的意义性质不同，所要达到的目的也不同。因此在吃饭前自己心里一定要明确宴请对象、规格，以及要达到什么效果。

（3）在宴会过程中，你的一切言谈举止不可露出虚伪的迹象，对方一旦感觉到你的谈话没有诚意，而是一般假惺惺的空谈，你的努力都将白费。前功尽弃是对你虚伪的惩罚。

其实，只要你在饭桌上猛谈交情，饭桌下有原则、有礼有节，又真诚地、关切地和对方谈论他关心的问题，接下来的会谈、推销、付款便是非常自然、非常顺利的事了。

设身处地站在顾客角度想问题

"主动地为客户着想，客户才会为你着想。"相信很多企业和从事市场营销的人员看到这个观点都会深有感触。只有站在客户的角度为客户着想，才是企业生存之根本。

某电镀厂是一个中小型企业，建厂投产10年，实现了产量、产值、品种、上缴利润翻两番，市场占有率近三年在同行中连续保持领先地位。这个厂成功的关键是，能在市场环境变化的情况下，积极、主动地为客户着想、提供方便。该厂厂长在访问客户中发现，由于本厂的模压炭片厚度不匀，造成退换率高，客户在使用前必须自己磨片，故不愿使用。厂长回厂后立即采取了两个措施：

一是想别人未想到的，增加磨片工序，提高产品质量。这虽然使成本增加，但从薄利多销、减少退换率、增强工厂信誉考虑是合算的。

二是注意别人容易忽视的地方，改进内包装。他们将原来1000克纸盒装改为先用500克塑料袋装，然后再装纸盒，从而方便了用户。

由于厂里主动提高产品质量，使炭片退换率由10%~15%下降到0，受到用户的普遍欢迎，炭片销售额增加4倍，使该厂金刚石炭片的全国市场占有率由50%上升到85%。

可见，一个企业要想实现利润最大化，就要拥有更多的客户，而这就要求我们应该处处为客户着想。客户想要什么？客户需要什么？特别是一些小细节上面，细微之处见实力。要了解客户的消费心理，了解客户的感情，和客户打成一片，处处为客户着想，让客户有一种家的感觉。只有这样才会有更多的客户，只有这样我们的事业才能在竞争中立足。企业如此，销售人员亦如此。

销售人员不仅是企业的代表，也是消费者的顾问。平时要想顾客之所想，急顾客之所急，不辞劳苦，积极为顾客服务。为此，销售人员要具有用户第一，用户是"上帝"的思想。

在销售的过程中，要时刻站在客户的角度去想，让客户时刻感觉到你的"偏向"和特别照顾，感觉到你是他们的自己人，只有这样，才会对你所要销售的商品和你本人感兴趣。

站在客户的立场，为客户着想，首先就要假设自己是客户。假设自己就是客户，你想购买怎样的产品和服务？自己真正需要的是什么？会如何要求售后服务？这样就能让自己站在客户的立场去看待问题。

销售人员如果只是为了销售产品而销售，过多地谈论自己，吹嘘自己的产品，客户很难对其产生信任。但销售人员如果站在客户的立场上，说出替客户设身处地着想的话，就会赢得对方的兴趣。因为对所有人来说，兴趣产生的基础莫过于与自己有关的事情，所以销售人员就应该从谈论客户与销售息息相关的信息人手，站在客户的角度阐发问题，使客户对所销售的商品产生注意。

设身处地的为客户着想，是做到始终以客户为中心的前提，作为一名销售人员，能经常的换位思考是非常重要的，设身处地的为客户着想就意味着你能站在客户的角度去思考问题、理解客户的观点、知道客户最需要的和最不想要的是什么，只有这样，才能为客户提供金牌服务。一个优秀的销售人员深知，多站在顾客的立场上想问题是成功销售的重要秘诀。

在销售之路中，客户中各类人都有，我们的服务应当永远站在客户的立场考虑问题。作为销售人员，我们应该走出自己的心理定位，想尽办法走入客户的心理世界。我们的第一步不是卖产品，不对客户需求做主观的判断，而是要培养对方成为我们的客户。当信任关系真正落实时，我们才能建立向客户传播正确理念的通道。

为客户办实事，赢得信赖

销售是一种非常崇高的职业，因为他们为客户提供更好的产品和服务，帮助客户解决问题，让客户的生活获得更多的方便和享受。美国汽车大王福特曾经说过这样一句话："假如有什么成功秘诀的话，就是设身处地替别人着想。"IBM公司的副总裁说过这样一句话："我们不是卖硬件，我们卖的是解决问题的方法。"原一平也在他总结销售经验的时候，特别提出了要替客户办实事这一点。

但是，有些销售人员没有看到这一点，他们总是盯着客户的钱包，希望客户赶快掏钱买自己的产品。

因此，他们一味地强调自己的产品有多好，不断地暗示客户应该买自己的产品，结果，这种急功近利的方法，其效果却往往适得其反。此时，即使客户有这方面的需求，也往往会对推销员的这种表现表示反感，放弃详细了解产品的意愿。客户一旦放弃详细了解产品的意愿，还怎么会产生购买的欲望呢？

　　为什么通常这样越想卖出自己产品的推销员，反而越是卖不出去产品呢？这就是因为推销员没有站在客户的角度去想问题，没有关心到客户的利益，只知道让客户掏腰包——客户怎么会给一个不为自己考虑的人掏腰包呢？

　　所以，想要成为一名优秀的推销人员，就要让对方感觉到自己是在替他办实事，是在帮他解决问题，这样，客户才会信任你，进而信任你的产品。

　　替客户解决问题，帮助客户办些实事主要表现在以下几个方面。

1.买卖不成，人情在

　　客户不买你的产品，一走了之，是否就再也不答理对方了呢？当然不能这样做。俗话说："买卖不成，人情在。"你要经常和其保持联系，如果对方有需要你帮助的地方，要主动帮忙。时间长久了，你们之间成了朋友，如果他想要购买某件产品，首先会想到你那里是不是有。

2.帮助客户解答疑难

　　有些推销员在不知道产品具体功能的时候，可能会用各种搪塞的语言随便应付一下客户。客户听了还是获得自己想要知道的信息，但是，这时候，推销员就会把自己对该产品的优势，一大箩筐地向外抛，好像要把所有的信息都灌输给这名客户一样或者说很多奉承客户的空话。通常，客户在听到这些话后，或者被糊弄迷糊，或者不满意地离开。

　　成功的推销员一定不会这样做。他们会认真地帮助客户解答疑问，如果有问题自己也不知道的话，也会去请教其他人，尽量帮助顾客答疑解惑，帮助他们做出正确的选择。通常情况下，客户是非常满意这样的服务的。即便这次没有达成合作，但如果有需求，客户也会想到这位服务周到的推销员的。

3.帮助客户办理各种手续

如果客户决定要购买你的产品的时候，不要就此就认为你任务完成了，成功的推销员会把每一位客户当成自己的朋友，他们会帮助客户解决实际问题，帮助客户尽量简化手续。比如自己去替客户缴费或者办理其他一些手续，让客户轻松购买产品。这会让客户感觉非常轻松愉快。

4.随时服务购买产品的客户

有些推销员认为，产品已经卖出去了，就什么都不负责了，如果产品有什么其他的问题，都是其他部门的事情。但是，一个优秀的推销员会把客户的问题作为保持彼此之间常联系的非常好的机会，他会尽量帮助客户解决产品问题。这样长期下去，就会赢得客户信任，取得良好成绩。

总之，随时为客户着想，多替客户办实事，而不是耍嘴皮子，就会赢得客户的信赖，你也因此扩大了自己的人际网，拥有了更多的潜在客户。

但是，在帮助客户办事的时候，一定要注意以下两点。

1.做力所能及的事

不要对没把握的事情或办不到的事情随便夸海口、拍胸脯，这样极不利于树立良好的信誉。比如，可以帮助客户做一些自己分内之事或自己熟悉的事，比如可替对方起草合同书，明确买卖的责、权、利；帮助委托人打听相关产品的市场行情及交易情况。但是，如果自己办不到的事情，就不要空许承诺，如果承诺实现不了，就会让客户很失望，难免对你产生不信任感。

2.办实事要负责

为对方做实事时，最关键的是要负责。尤其是已经承诺的事，一定要想办法做好，遇到麻烦的时候，要及时跟客户联系，想办法解决；即使是自己办不成的事情，也要及时给对方一个回应，如实地告诉对方事情办不成的原因，以取得对方的谅解。

广结朋友，能更快地找到机遇

广交朋友，建立广泛的人脉关系网是极具价值的。商场上想要打出一片天地，80%来自于与别人相处，20%才是来自于自己的努力。人际关系专家卡耐基曾经说过："一个人快乐与否，85%来自于与他人相处。"人是群居动物，人的成功来自于他所处的人群、所在的社会。所以说，人脉对于每个人的成功来说都是非常重要的。

李嘉诚就是特别愿意结交朋友的人，做生意的时候，他也是本着先做朋友后做生意的原则。他知道友谊长在，生意自然不成问题。早在他做推销员的时候，他就懂得了有意识地去结交朋友。

在结交朋友时，他也不全是以客户为选择标准。俗话说："人有人路，神有神道。"今天成不了客户，或许将来会是客户；他自己做不了客户，他会引荐其他的客户给你。即使促成不了生意，帮着出出点子、叙叙友情，也是一件好事。

他收入不高，家庭负担又很重，还要攒钱办大事，所以，李嘉诚交朋友不允许自己花太多的钱。这样倒好，大家可以以诚相见、以诚共处。另外，李嘉诚不是一个很健谈的人，说话也不风趣幽默，但他总是能够推心置腹地谈他的过去和现在，谈他的人生与社会。

他勤奋好学，见识广博，待人诚恳，实践经验丰富，这让他身上有一种独特的魅力，让人们都乐意与他交友。

也正是他总是有意识地与人交朋友，所以，他做推销的时候，就更容易打动客户。

一次，有一家刚刚落成的旅馆正准备开张，李嘉诚的几个同事都领功心切，抢先找到旅馆老板，不料皆碰了一鼻子灰，无功而退。原来老板已经有意与另一家五金厂交易了。

李嘉诚迎难而上。他并不急于去见老板，而是先与旅馆的一个职员交上了朋友。然后假装漫不经心地从那个职员口中套知老板的有关情况，以此作为突破口。

那个职员谈到老板有一个儿子，整天缠着老板要去看赛马。老板很疼爱他，但旅馆开张在即，千头万绪，正是非常忙碌的时候，根本抽不出时间陪儿子。

职员是当作趣闻说起这件事的。可言者无心，听者有意。李嘉诚感觉到他已经找到了打开老板闭门拒客的钥匙，他让这个职员搭桥，自掏腰包带老板的儿子去跑马场看赛马。老板的儿子玩得兴高采烈。

李嘉诚的举动令老板十分感动，不知如何答谢才好。于是，他爽快地同意从李嘉诚手中买下380只铁桶。李嘉诚成为五金厂的一等"英雄"。正是他重视朋友情谊，也给他带来了别人的尊重。

有一天，李嘉诚突然听到几十年前一位患难与共的老朋友因病辞世了。那位老朋友的家境不算好。几十年的风云变幻、人事更迭，由于环境、事业、地位的悬殊，老友的亲人不敢贸然地去求助于李嘉诚了。

但李嘉诚念念不忘旧日情谊，当即主动派人上门慰问，并主动承担起那位老友的丧葬及身后家庭生活费用的安排。此事在一些老香港人中传为美谈，但李嘉诚自己却从来没有提及此事。

他重事业、重朋友、重友谊、重仁义，他慷慨助人，仗义疏财，做到"滴水之恩，涌泉相报"。也正因此，他赢得了众多香港市民的厚爱，有口皆碑。这也让他在商界上获得了更多人的信赖，获得了更多的商机。

中国人讲究"以和为贵"。这不仅是在商场上存在的哲学，更是人生处世的哲学。李嘉诚在商界能够处处结交朋友，值得我们认真学习。

那么，在生活和工作中，我们怎么样做，才能获得他人的友谊呢？

1.建立人脉关系，一定要"勤"

想要与他人建立良好的关系，就要勤联系，即便你们已经成为很好的朋友，但因为各种原因不能见面的话，也要注意多联系，经常沟通，多走动，这样交往频繁了，能增进彼此的了解，增加彼此的深厚友谊。

另外，还要精通业务，这是自己的优势所在，因为想要在圈子中得到大家的认可，要需要有能够帮助他人的能力，要让他人需要自己。否则，你一无是处，他人也不愿意和你交朋友。

2.建立人脉关系，一定要"诚"

要保持以诚待人的态度，在和人打交道的时候，要诚实、真诚、厚道，讲话要实实在在，人们是不愿意与一个油嘴滑舌、不真诚的人打交道的。

要以诚待事。任何事情，任何咨询，都要讲究实事求是，一是一，二是二，不知为不知，知之为知之，来不得半点虚假。否则，你建立的人脉关系就是黑熊掰棒子，掰一个丢一个。

3.建立人脉关系，一定要"信"

友谊是建立在信任的基础上的，只有讲究信誉的人，才会建立广泛而深厚的人脉关系网，否则，经常失信于人，换不来他人的信任，彼此之间就没有办法交往和做事。

所以，做人要认真守信，对别人的承诺一定要兑现，别人的托付一定要认真去做。同时，在交往中，也要信任他人，不带有色眼镜来看待任何人、任何事。

4.建立人脉关系，一定要"精"

这里的"精"，指的是精明，要在推销自己的过程中，注意防范风险，正所谓"害人之心不可有，防人之心不可无"，要以诚待人，还要谨防被坑害，要依据规则行事，精通规则。

我们相信，在以上四点的基础上交朋友，一定能够建立起广泛而稳固的人脉网。

第四章

心理倾听，识破客户的"话外音"

沟通的第一步就是学会倾听。作为一名销售人员，你可以滔滔不绝，可以口若悬河，但是一定要给客户说话的机会。在与客户接触时，越是耐心倾听客户的意见，销售成功的可能性就越大。　"听"客户讲话，不能仅仅听字面意思，还要了解"话里""话外"所隐含的信息，识破客户的内心。

当务之急是学会倾听

倾听属于有效沟通的必要部分，以求思想达成一致和感情的通畅。倾听能够创造一种安全温暖的气氛，使来访者能够更加开放自己的内心，更加坦率地表达真实的想法；倾听还能够向客户反馈推销员对客户的尊重与关注，这会让客户感到自己的谈话在推销员心里很重要；倾听为推销员与客户间建立了互相信任的基础，在客户心中树立了威信……可见，"上帝给了我们两只耳朵，一张嘴，目的就是让我们少说多听"这句话还是很有道理的，倾听有时候比说话更重要。

但是，很多推销员在客户面前滔滔不绝说个没完，结果让客户感到讨厌，为什么会有这么多的人忘记倾听别人说话的重要性呢？有一次在推销员训练班上主讲问了大家这个问题，听到如下这些不同的答案：

——我急于做成生意；

——我不知道什么时候停止说话更好；

——如果停止说话，我担心客户会转移注意力；

——不知道倾听的作用。

……

应当承认，如果他们都是经常参加培训的推销员，培训讲师要为这种现象负一部分责任，因为这是最基本的推销常识，也许他只强调推销员什么该说，什么不该说，却忽略了倾听客户谈话的重要性。

刚开始做推销的人大都会心中胆怯，他们害怕自己了解得太少，在客户面前不知道说什么而冷场，出现尴尬的沉默。其实，沉默并不可怕，说话太多才让人害怕。有些推销员为了避免出现失误，会在客户面前不断地说话，说了又说，说了又说，结果把自己所有的无知都暴露在了客户面前，客户知道你刚进入销售行业，对什么都不熟悉，怎么可能有信心购买你的产品呢？结果推销员越想推销产品，越是推销不出去。

销售大师布莱恩·崔西曾做成一桩让他自我感觉很好的生意。

在1959年7月的一天，他没有用什么特别的技巧，甚至没有说几句话，就说服了一位女士为她的11个儿子买了11项储蓄保险。

他是怎么做到的呢？

原来，这位女士的丈夫刚发生车祸去世，在这位女士详细地描述车祸和她家庭情况的时候，布莱恩·崔西只是很有耐心地听她说话，并在中间安慰她一两句，在耐心倾听完这位女士的话后，布莱恩·崔西建议她购买这些保险，因为即便这位女士在将来没有固定的收入，购买保险后，孩子的教育和未来也不至于无以为继。

最后，这位女士很快就帮孩子们购买了保险，而那次布莱恩·崔西也获得了比他当工程师时三个月薪水还高的佣金。

他很疑惑自己怎么会这样轻而易举地就获得了一笔不小的订单，后来他的经理点醒了他，原来，很大原因是他当时的默默倾听促成了这笔订单。

要想成为最优秀的推销员，学会倾听是当务之急，以下是布莱恩·崔西归纳出来的一些倾听技巧：

（1）要真诚地聆听客户的谈话，不要假装感兴趣，因为他对你所说的话造成的效果，会通过你的表情呈现出来，如果你对他的话没有适当的回应，那么，他就会对你彻底失去兴趣，如此你的推销将会变得无果而终。

（2）当客户说话时，不要表现出排斥的心理，这是一种非常愚蠢的行为。当你心里感到面前的人说话"很没水平"或者"他的房间很乱"的时候，即便你脸上带着微笑，客户还是能够感觉出你对他的排斥。如果你遇到这种情况，不妨换一个话题，这样才对你有利。

（3）不要任意打断客户谈话，不要试着加入话题或纠正他。

（4）不要在客户说话的时候写东西。

　　总之，每个人都想倾诉，有个人能耐心且认真倾听自己说话是非常愉快的。所以，倾听能够让彼此更加亲密。

将 70% 的时间让给客户说

　　倾听客户的言谈对推销有很多好处，在销售中，"听"比"说"更重要。

　　杰尔·厄卡夫是美国自然食品公司的推销冠军。这天，他像往常一样将芦荟精的功能、效用告诉给女主人，但女主人并没有表示出多大的兴趣。

　　厄卡夫立刻闭上嘴巴，并细心观察。突然，他看到女主人家的阳台上摆着一盆美丽的盆栽，便说："好漂亮的盆栽啊！平常真是很难见到。"

　　"没错，这是一种很罕见的品种，叫嘉德里亚，属于兰花的一种。它真的很美，美在它那种优雅的风情。"女主人听到厄卡夫对自己盆栽的赞美，便来了兴致，说道："这个宝贝很昂贵的，一盆就要800美金。"

　　"什么？800美金？我的天哪！每天是不是都要给它浇水呢？"

　　"是的。每天都要很细心地培育它……"

　　于是，女主人开始向厄卡夫讲授所有与兰花有关的学问，而厄卡夫也聚精会神地听着。

最后，女主人说："就算我的先生也不会听我唠唠叨叨讲这么多，而你却愿意听我说了这么久，甚至还能够理解我的这番话，真是太谢谢你了。希望改天你再来听我谈兰花，好吗？"随后，她爽快地从厄卡夫手中接过了芦荟精。

客户在和销售人员交谈时，都希望销售人员能够耐心地听自己倾诉。一个不懂得倾听，而是滔滔不绝、夸夸其谈的销售人员不仅无法得知有关客户的各种信息，还会引起客户的反感，导致推销最终失败。无论怎样，要想成为一名成功的销售人员就应当谨记，在客户兴高采烈地谈论的时候，最好做一名忠实的听众。当你这么做的时候，你会发现客户已大大提升了对你的认同度。

一般情况下，只要有一个谈话的机会，大多数人都不太愿意听别人说话，而是喜欢让别人听自己说话。还有一种常见的现象是，大多数人喜欢谈和自己有关的事，而不是和对方有关的事情。

可是在推销过程中，绝大多数的时间是销售人员在说，客户只有很少量的说话时间。因此，这样的销售人员总是业绩平平。而那些经验丰富的销售人员，通过实战总结出了一条规律：如果你想提高业绩，就要将听和说的比例调整为7：3，即70%的时间让客户说，你倾听；30%的时间让你用来发问、赞美和鼓励客户说。

要把耳朵而不是嘴巴借给客户

　　一位推销电器的年轻人，来到一所农舍前叫门。听到敲门声后，对方只将门打开一条小缝，当她看到来人像销售员后，猛然把门关紧了。销售员再次敲门，敲了很久，她才又将门打开，仍然是勉强地开了一丝小缝，而且，还没等对方说话，她就不客气地破口大骂。

　　虽然事情比想象中的艰难得多，但销售员不想放弃。他决定换个法子碰碰运气。他改变口气说："太太，我看您是误会了，我来拜访您并不是来推销东西的，我只是想向您买一些鸡蛋。"

　　听到这儿，这位妇女的态度稍微温和了一些，门也开大了一点。销售员接着说："您家的鸡长得真好，它们的羽毛长得真漂亮。这些鸡大概是多明尼克种吧？您这儿还有储存的鸡蛋吗？"

　　这时，门开得更大了。

　　这位妇女问销售员："你怎么知道这是多明尼克种鸡？"

　　销售员知道自己的话已经打动了妇女，他接着说："我家也养了一些鸡，可是像您家养的这么好的鸡，我还没有见过呢！我家饲养的来亨鸡，只会生白蛋。太太，您应该知道，做蛋糕用黄色的鸡蛋比白色的鸡蛋要好一些。我太太今天要做蛋糕，所以我跑到您这儿来了……"

妇女一听这话，心里暗暗高兴，她迅速转身到屋里取鸡蛋。

销售员只有跟着客户的兴趣走，才能将谈话继续下去。销售员利用这短暂的时间，迅速看了一眼周围的环境，他发现院子角落有一整套务农设备，等妇女出来的时候销售员对她说："太太，我敢肯定，您养鸡赚的钱一定比您先生养奶牛赚的钱要多。"

这句话说得妇女眉开眼笑，心花怒放，因为她丈夫一直不承认这件事，而她总想把自己的成就感与别人分享。

于是她对销售员的戒心解除了，她把销售员当作知己，带他参观鸡舍。参观时，销售员不时地发出赞叹。两人畅所欲言，互相交流养鸡方面的常识和经验，他们越来越像认识已久的朋友。当妇女谈到孵化小鸡的麻烦和保存鸡蛋的困难时，销售员不失时机地向妇女成功推销了一台孵化器和一台大冰柜。

上面这个案例的关键点就在于：如果销售员不是引导这个妇女自己做出决定的话，根本没法把电器产品卖给她！给他人说话的机会，有时比自己唠叨不停更有价值。著名作家陶勒斯·狄克曾经说过："要把耳朵而不是嘴巴借给别人，这才是通向成功的捷径。对别人说他不感兴趣的话毫无意义，你应该说能不能多告诉我一点儿？"

在销售过程中，销售员应鼓励客户说，听取他们的意见直至理解他们的观点，包括他们的需求和顾虑。如果要成为销售行业中杰出的人，销售员一定要在倾听方面多下功夫。

聆听是对客户的一种褒奖

会说话的人都是会听话的人。不想哇啦哇啦地说个不停而是静静倾听的人很可能是最会说话的人。

在日常交往中，要做到会听是相当困难的。不要说会听，有的人甚至连互相交谈的基本原则都做不到。对方一开口，立刻打断对方，自己却长篇大论地讲个不停。等到对方感到不快而索性不说了，他反而认为对方被自己说服了，因而得意扬扬，这样的人还真不少。

日常会话是提高讲话水准的舞台。销售人员应留心别人对话中的一些坏毛病，使之成为警惕自己的好材料。

在和对方的谈话过程中，会听是很重要的一环。这是博得对方好感的一个秘诀。遗憾的是，不少销售人员急于推销商品，把对方讲的话都当成耳边风，而且总是迫不及待地在交谈中问问题或打断对方的话，或申述自己的观点。这些都是不适当的。欲速则不达。如果想使交易成功，顾客滔滔不绝地讲话时就是成功到来的有利时机，你应该为此高兴，立刻提起精神来听，并不时兴趣盎然地说："后来呢？"以催促对方继续往下说，要用好像听得出了神的样子去倾听对方的谈话。

对于喜欢说话的顾客，销售人员只要洗耳恭听，他就会笑容满面，高兴得不得了。在这种情况下，当对方关住话匣子时，紧接着很可能说："就这么决定了，我们签协议吧！"即使签不了合约，他也会很高兴地等待着您的下一次来访。

就一般的交谈内容而言，并非总是包含许多有用的信息。有时，一些普通的话题对你来说可能没有什么实际意义，但客户的谈兴却很浓。这时，出于对客户的尊重，你应该保持足够的耐心，听客户说下去，切记不要流露出厌烦的神色。

专家统计结果显示，一个人的说话速度大致在每分钟120~180字之间，而人的大脑思维的反应速度却要快得多。所以，在现实中往往会遇到这种情况，很可能客户还没有将话说完，或者客户只是说出了其中几句话，而你就已知道了他的全部意思。这时，由于已经了解了对方的意图，思想也就随之放松了，这种细微的心理变化在你的外表上又往往会表现为一些心不在焉的下意识动作和神情，以至于对客户接下来的言语"充耳不闻"。

而当客户突然问你一些问题和请教你的见解时，如果你一愣神，或者答非所问，客户就会感到十分难堪和不快，觉得自己是在"对牛弹琴",从而就会对接下来双方的沟通工作产生不利的影响。

在与客户接触时,越是耐心倾听客户的意见,销售成功的可能性就越大,因为聆听是褒奖客户谈话的一种方式。对于同一销售人员来说,听客户谈话应做到像自己谈话那样,始终保持饱满的热情与良好的精神状态,并时刻专心致志地注视着客户。当然,如果你确实觉得客户讲得淡而无味、浪费时间的话,可以巧妙地提一些你感兴趣的问题,以此转移对方的谈兴。但是,要注意绝不能随意打断客户的话,应当让他心平气和地讲完,即使他的意见不是新的或不符合实际情况,也要听下去。

不可不知的有效倾听九原则

有效倾听在销售工作中的作用不言而喻,销售人员必须掌握倾听的原则,使其在与客户的沟通中获取更多的信息。

1.专注倾听

专注就是用心聆听,人正心亦在。这是有效倾听的基础,也是实现良好沟通的关键。疲惫的身体、无精打采的神态、消极的情绪等都会让倾听失效,还有那些看表、玩手机、摸腰包、拿东西、接电话等行为都是不够专注。要知道,如果不够专注,听得不够认真,客户很快会察觉到,既影响客户的情绪，也影响到对你的信赖感。倾听不仅仅只是听的问题，必须积极、专心，还要借助分析、理解和判断等活动，还需要运用多重感官的综合行为。不仅耳朵要听，而且眼睛要观察，手也要记笔记。

2.巧妙提问

倾听，往往要和引导性提问结合起来，才能发挥最大威力。为此，销售人员必须学会引导和鼓励客户谈话。为使整个沟通实现良好的互动，更为了销售目标的顺利实现，可以通过适当的提问来引导客户敞开心扉。你可以通过开放式提问的方式使客户更畅快地表达内心的需求，比如用"为什么……""什么……""怎么样……""如何……"等疑问句来发问。在每个阶段，提问都要推动着销售对话的进程。

客户会根据销售人员的问题说出内心的想法。之后，销售人员就要针对客户说出的问题寻求解决问题的途径。这时，销售人员还可以利用耐心询问等方式与客户一起商量，以找到解决问题的最佳方式。

3.及时回应

客户在倾诉过程中需要得到销售人员的及时回应，如果销售人员不做任何回应，客户就会觉得这种谈话非常无味。点头、微笑、肯定、身体前倾、眼神交流等都是一种回应。我们说"是的""对的""我也有这样的感受""我能完全理解您的心情"等，都能及时表现出你对客户的关注。回应可以使客户感到被支持和被认可，当客户讲到要点或停顿的间隙，适当给予回应，可以激发客户继续说下去。

客户："除了黄色和白色，其他颜色我都不太满意。"

销售人员："噢，是吗？您觉得淡蓝色如何呢？"

客户："淡蓝色也不错，另外……"

4.准确复述

复述就是倾听时先记住对方说话的重点，然后再复述一遍。这样做，一方面可以向客户传达你一直在认真倾听，另一方面，也有助于保证你没有误解或歪曲客户的意见，从而使你更有效地找到解决问题的方法。例如：

"您的意思是要在合同签订之后的20天内发货，并且再得到5%的优惠吗？"

"如果我没理解错的话，您更喜欢弧线形外观的深色汽车，性能和质量也要一流，对吗？"

复述还会让客户觉得你很重视他，他会很高兴。这样一来，他就不会拒绝你，买单也就不成问题了。

5.共同分享

很多人都不懂得与人分享的好处。我每次跟人谈话结束的时候，都会讲："今天跟您的交谈让我深受启发，收益很多！"销售沟通中的分享很重要，它能在分手的一刹那给客户留下美好的感觉和回忆。

要善于讲分享的话语，比如可以说"你讲的……对我很有帮助，特别是在……方面我很有触动"等。分享会产生很大的力量，它对下一次成交是一次很大的帮助。

6.不要打断

随意打断客户谈话会打击客户说话的热情和积极性，如果客户当时的情绪不佳，而你又打断了他的谈话，那无疑是火上浇油。所以，当客户的谈话热情高涨时，销售人员可以给予必要的、简单的回应，如"噢""对""是吗""好的"等。

7.不要插嘴

销售人员最好不要随意插话或接话，更不要不顾客户喜好另起话题。例如：

"等一下，我们公司的产品绝对比你提到的那种产品好得多……"

"您说的这个问题我以前也遇到过，只不过我当时……"

8.不要争论

记住，你争赢了也输了，争输了还是输了。客户的话可能有失偏颇，也可能不符合你的口味，但你要记住：客户永远都是上帝，没有人喜欢别人直接批评或反驳自己。如果你实在难以对客户的观点做出积极反应，那可以采取提问等方式改变客户谈话的重点，引导客户谈论更能促进销售的话题。例如："您很诚恳，我特别想知道您认为什么样的理财服务才能令您满意？"

9.不要定义

把别人说话的意思以自己的理解乱下定义，往往容易扭曲原意，会造成很多的误会和冲突。

倾听让你在销售中占据话语主动权

有一次，法兰克和另一位销售员去见弗朗西斯·奥尼尔先生。奥尼尔先生讲话不多，但为人精明。他早年从事纸张推销，经过多年奋斗成为纸张批发商，后来又开办造纸厂，成为纸张生产与批发业中的领袖级人物。

彼此寒暄几句后，进入正题。一开始，法兰克向他讲解他所拥有的产业与税收之间的关系，可他低着头，不看法兰克一眼。法兰克看不到他脸上的表情，连他是否在听也无法知晓。于是，法兰克只讲了3分钟便停了下来，靠在椅背上等着，接下来是尴尬的沉默。

法兰克那位同事如坐针毡，难以忍受沉重的静默。他担心法兰克失败，便急于想打破僵局。可他正准备说话时，看见法兰克在摇头，便明白了法兰克的意思，没有开口。

这样窘迫地又沉默了一分钟。奥尼尔抬起了头，法兰克没理他，只是悠然地倚在椅背上等他开口。

彼此对视，良久无语。法兰克知道自己必须沉住气，只要等的时间足够长，对方总要先打破僵局。

奥尼尔终于开口了，他平日不善言谈，这次却说了足足半个小时。他说的时候，法兰克尽量不插嘴。

等他说完了，法兰克说："奥尼尔先生，您讲的话对我很有帮助。您告诉我这样一个事实：您比大多数人都有思想。最初，我来的目的是想帮您这位成功人士解决问题，通过与您的交谈，我明白您已经花了两年时间来准备解决这一问题。尽管如此，我还是很乐意花些时间帮您更好地解决这些问题。我下次来时，一定会带来一些新的想法。"

此次见面的开局不好，但结尾却令人满意。奥尼尔对法兰克认真倾听的谦虚态度及独到见解的印象很好，双方后来终于达成了几百万美元的合作项目。

在与别人交谈时，销售员一旦发现对方对自己所说的话心不在焉时，应立刻打住，哪怕所说的话至关重要。所以，保持适度的沉默是销售员应该掌握的成功技巧之一。因为销售员更应该是一个善于倾听的人。一旦说明了意图，销售员就应当闭上嘴巴，等待客户提问，尽快弄清客户的需要，这样才能做到有的放矢，取得交易的成功。

沉默是金，让客户多说自己多听

在沟通交流中，销售人员应该让客户多说，自己多听，并保持适当的沉默。雄辩是一门艺术，沉默同样也是一门艺术。通往成功的捷径，就是把你的耳朵借给别人，而不是把你的嘴巴借给别人。

一个善于倾听的销售人员在别人说话时，眼睛会直视对方，表现出自己真的感兴趣，不仅是在真诚地倾听，而且也在全身心地投入，并及时做出反应。

其实，倾听中的沉默也并不是什么新奇的方法。早在两千年前，西塞罗就说过："沉默是一门艺术，雄辩也是。"但是，"听"的艺术却往往被人们忽略了，真正的好听众是少之又少。

几年前，美国最大的汽车制造公司之一正在洽谈订购下一年度所需要的汽车坐垫布。有三个重要的厂家已经做好了垫布的样品。这些样布都已经得到了汽车公司高级职员的检验，并发通告给各厂家，他们的代表可以在某一天以同等条件参与竞争，以便公司确定最终的供应商。

其中一个厂家的业务代表皮特先生在抵达时，正患有严重的喉炎。"当我参加高级职员会议时，"皮特先生在我班上叙述他的经历时说，"我嗓子哑了。我几乎发不出一点声音。我被领到一个房间，与纺织工程师、采购经理、销售经理以及该公司的总经理当面会晤了。我站起来想尽力说话，但我只能发出嘶哑的声音。

"他们都围坐在一张桌子边上。所以，我在纸上写道：'各位，我的嗓子哑了，我不能说话。'

"'让我替你说吧，'对方总经理说。他真的在替我说话。他展示了我的样品，并称赞了它们的优点。于是，围绕我的样品的优点，他们展开了一场热烈的讨论。由于那位总经理代表我说话，因此在这场讨论中，他站在我这一边，而我在整个过程中只是微笑、点头以及做几个简单的手势。

"这个特殊会议的结果是，我得到了这份合同，和对方签订了50万码的坐垫布，总价值为160万美元——这是我曾获得的最大的一个订单。

"我知道，如果我的嗓子没有哑，说不定我就会失掉那份合同，因为我对于整个情况的看法是不同的。通过这次洽谈，我很偶然地发现，让客户多说话是多么有益！"

本杰明·富兰克林年轻时非常聪明。早年间，他总是想教导人们，给他们指出错误，可这种做法却让人们对他敬而远之。所幸的是，后来他在一个朋友的帮助下认识到了这一点，并改正了自己的缺点。半个世纪过后，当他79岁时，他在那本著名的自传中写下了这句话："总而言之，在言谈中，用耳朵比起用嘴来，会得到更多。我坚持把沉默当成一种美德来培养。"

耐心倾听，化干戈为玉帛

路简从商店买了一套衣服，但很快就失望了：衣服掉色，她的衬衣的领子也被染了色。她拿着这件衣服来到商店，找到卖这件衣服的售货员，想向她介绍事情的经过，可是她没做到——售货员总是打断她的话。

"我们卖了几千套这样的衣服，"售货员声明说，"你是第一个找上门来抱怨质量不好的人。"她的语气似乎在说："你在撒谎，你想诬赖我们，等我给你点厉害看看。"

吵得正凶的时候，第二个售货员走了进来，说："所有深色礼服开始穿时都会褪色，一点办法都没有，特别是这种价位的衣服。这种衣服是染过的。"

路简差点气得跳起来。她想："第一个售货员怀疑我是否诚实，第二个售货员说我买的是二等品。真气人！"

于是，她控制不住自己的情绪，愤愤地对那两个售货员说："你们把这件衣服收下，随便扔到什么地方，见鬼去吧！"

路简将衣服甩在售货员的身上，愤怒地离开了。周围引来许多观看的人，议论开去。

因为服务员没有耐心，直接导致了利益冲突的激化，最终两败俱伤的结局。结果路简没能解决衣服的问题，商场的信誉也受到严重的损伤。

然而在另一个相似的场景，却出现了另一种结果。

顾客："你卖给我的这台复印机不好。"顾客的语气是强硬的。

业务员："听到您这么说，令我感到很遗憾。它究竟是哪里不对劲呢？"业务员并没有被顾客强硬的态度惹怒，而是站在顾客的立场上，抱着解决问题的态度耐心倾听，与顾客交流。

顾客："它老是发生故障。"

业务员："我也很遗憾听到这一点。您所指的故障，是需要更换部分零件，或是只要修理就行了？"

顾客："别在那儿啰嗦。我不管您如何称呼它，反正只要是机器不能动，我就说它是故障。"在短时间内，顾客并没有被业务员的友善感化，他依然希望通过用强势压倒对方，让自己取得优势。

业务员："好，我明白您的意思，您所指的故障发生频率有多高？"业务员就需要这样的素养，他可以用耐心收纳任何的愤怒。

顾客："我不知道，大概是每隔几星期吧。"以柔克刚是很好的策略，它可以让不满的顾客说出问题所在。

业务员："每隔几星期？的确相当多。"适当地赞同对方的话语，可以表明自己友善的态度。

业务员："您认为大约多少张呢？我是指每印100张，1000张或10000张便发生故障吗？"交流的最终目的是为解决问题服务的。顺利、圆满地解决方案有赖于认真、仔细地寻求问题的根源所在。

顾客："我想大概10000张左右吧。"

业务员："我可以理解这的确令您很不高兴，尤其是当您正在进行重要工作的时候。可是不管您信不信，就这个价格范围内的机器来说，每隔10000张的修理几率十分少见。事实上，消费者基金会曾经调查5万元以下的复印机——那比您的机器贵了一倍半，平均损坏的间隔只有3000张，而您所拥有的机种在消费者基金会的调查中，平均最高比率是7000张，您的机器性能比那些机器优良了将近50％。"事出有因，只要找到问题所在，问题便可以合理解释。

顾客："把你这份推销口才用在别人身上吧！总之，这台机器损坏的次数超出它应有的程度。"当顾客对产品不满意时，他总能找到理由，即使那样的理由看起来有些无理取闹。

业务员："这么办吧，如果服务上的记录是每隔不到10000张便发生故障而需要修理，那么我就以您当初购买它所付的金额向你买回来。可是在我们更进一步地说下去之前，我想知道更多关于您的抱怨。最常造成故障的原因是什么？挤纸？漏印？"业务员并没有被顾客的言辞激怒，他耐着性子设法找出问题的深层次原因。

顾客："呃，有几次是挤纸，漏印的情形不太多，有时候机器就是不能动，此外，纸经常皱成一堆。"在业务员的耐心劝导下，顾客慢慢软化，开始配合起来。

业务员："是只有在印双面的时候，还是连印单面的时候也会这样？"

顾客："主要是印双面……大概是只有在印双面的时候吧！"

业务员："噢！如果在您购买这台机器之前我曾和您谈过话就好了。老实说，它并非设计用来做大量的双面复印，难道我们的推销员没有告诉您这一点吗？"

顾客："没有。不过，我也不记得是否曾提及我将会使用大量的双面复印，所以我想这也不能怪他。"交谈顺利地进行着。现在的顾客已经不是刚来时的不满，甚至开始检讨自己的过失，帮推销员开脱职责。

业务员："我很抱歉，对于不能令您满意的双面复印问题，恐怕您所拥有的机种将无法表现得比目前更好。因此这里是我给您的建议：先去瞧其他价格贵五成的机种，再回到我这里。假使您发现一台优于你目前持有的机种，而我又无法向您提供比那台更佳的机器，那么我就以全额向您买回我的机种，如此便解决了这个问题。同时，我很希望能请您到展销室看看我们目前拥有的一些机器，或许价格比您的贵了一点，但性能也相对地提高很多。我想我可以向您介绍一台将符合您一切需要的复印机，万一我错了，我愿意立刻买回您现有的机种。等你参观过其他复印机后，和我通电话，我们再安排会面？"问题总是有解决的方案的，尊重顾客，给顾客提供多种选择，能更好地取得顾客的信赖。

顾客："呃，此刻我实在不觉得有必要去看看其他机器。你看起来像是个讲道理的人，而且我认为我们相处得还不错。就让我到你们的展销室参观一下吧。"一个有耐心又友善的业务员的推荐，顾客是可以信任的。

业务员："太好了，让我们安排个会面时间吧！下星期二早上如何？"

顾客："太好了。我希望那天我能找到一台合适的机器。"

就这样，在业务员耐心的处理下，一个满怀敌意的产品使用者被软化了，这不仅维护了公司的声誉，顺利有效地解决了双方的矛盾，做到让消费者满意，而且还做成了另一笔生意。

第五章

心理迎合，轻松搞定你的客户

一个成功的销售员，往往初与客户相见，便能敏锐地看穿客户的所想所需，能有针对性地把资讯提供给客户，使客户的心理得到满足，有利于交易的成功。销售员只要懂得察言观色抓住客户的心理特征，了解客户的嗜好并投其所好、对症下药，就一定会拉近彼此的距离，促进销售工作顺利进行。

察言观色，看清客户的态度

一个成功的销售员，往往初与客户相见，便能敏锐地看穿客户的所想所需，能有针对性地把资讯提供给客户，使客户的心理得到满足，有利于交易的成功。比如有些客户心中有购买意愿，但却存有某种疑虑，迟迟不肯签单，有经验的销售员会马上洞析其疑虑所在，会用诚恳、有说服力的事例来感动客户，赢得生意。所以说，一副火眼金睛是一名顶尖销售员所应当必备的职业技能。

在销售的过程中，最重要的是你必须了解客户心中的想法，以及他所采取的态度。

在交谈开始时，客户所采取的态度，一般可分为下列四种情形：

第一，虽然他想购买此种商品，但他仍在意价钱的高低，他正等待你告诉他确实的价格；

第二，虽然他想买，而且他也知道商品的价格，可惜的是，他无法如期付款。因此，他希望你能说明商品的支付条件及方式；

第三，尚未决定，不知道自己是否将购买，他正等待你做更深入的说明；

第四，根本不想买。

以上所述四种心理是一般客户最基本的想法及感情，而这里所谓的感情就是客户最初的怀疑、担心及兴奋等情绪的外在表现。

接近成交阶段时，他更想知道你下一句要说些什么，他想了解你将使用何种手段来达成交易。

当销售员做完示范说明或商品介绍时，客户一定会询问有关商品购买及其他的疑问，这就表示他已对商品产生兴趣。

客户的态度及想法当然关系到你的工作，而客户总是在找不买的理由，这一点你必须谨记在心。

对客户来说，当他应允说"我买了"，即表示他必须负担责任与义务，因此，他宁可选择"不买"。

他绞尽脑汁在找寻拒绝购买的理由，这样他就不必花掉辛苦赚来的钱。

而对销售员来说，在进行商品说明时，客户的态度非常重要。因此，若要圆满达成交易，你必须有所计划，尽可能找些具有利用价值的情报，透过语言，传达到客户的心中。

客户心中对销售员总是存着怀疑与抗拒。他不希望被人欺骗，因此，你必须以亲切的态度赢取他的信任。

客户在交谈过程中，总是随时武装着自己，防御销售员下一步所可能采取的行动。所以，在这一阶段，你必须先松弛他的紧张。

客户在倾听商品说明时，有时会感到患得患失，虽然他口中询问着有关商品的问题，但心中仍然犹豫不决。

有时候，在商品说明进行中，客户会流露出想购买的情绪，但临成交时，他会又考虑再三，戒备心理也再次升起。

在这种情况下销售员必须向客户提出问题，让他表达一下自己的意见，使交谈气氛保持愉快而热烈，这样才有助于成交。

通过举止判断客户的内心想法

尽管人是如此需要同伴的肢体安慰，但是一般场合却不容做出这些举动，只好从下列爱抚自己的行为中求得满足，表现为：

1.以手托腮

将手臂支在桌上托着自己的头，这种举动并不表示身心疲累，而是利用支托着脸的手，代替母亲或恋人抚慰自己温暖的肩或胸，从托腮的接触中获得亲密的快感。

在忘记关电灯、煤气的时候，不自觉地以双手抱头或拍打脸颊，也是用来代替所爱的人抚触自己头发和脸部的轻柔安慰。此时客户内心是有些忧虑的，销售员可以给以客户情感上的关怀。

2.手指尖抚着嘴唇

以大拇指或食指轻抚着唇，是在克服内心不安，极力稳定自己情绪的表现。手指与母亲的乳房有关，以嘴接触手指，是人源自幼年时候平抚自己不安的本能。

3.啃指甲

心理上更加不安的时候，指尖按在嘴唇上已不足安定情绪，便开始啃指甲和指关节。在忍无可忍、攻击性节节升高的时候，指甲甚至会被自己咬得斑斑驳驳。

4.两手交叠抱胸

两手交叠抱胸，代表两种意义。第一种可见于失去所爱的人，哀痛欲绝的场面。伤心人噙着泪水，两手紧抱胸口，身体不自觉摇晃着，极力忍耐锥心之痛。这和母亲安慰伤心的幼儿，会用两手环抱着孩子，轻轻拍打着他的身体，摇晃着他一样。

第二种意义，便是自我防卫。在建筑物门前徘徊不入的人，常会出现这一防卫姿势。遇到不想打交道的人，出席不想参加的会议，面对自己有意保持距离的对手，或想结束彼此关系的人，往往会不自觉地摆出这种姿势。

5.两手交握

交握的两只手，一只代表自己，一只代表自己假想是友人的手。人在紧张不安时无意地握着自己的手，充分表露想要握住扶助力量的强烈冲动。尤其是越在紧张时候，手心冷汗直冒，使劲交握着的双手青筋暴露，血色尽失，便已完全说明了当时心境。

总之，言为心声，客户心底的秘密都会在表情动作中表露无遗。同样，客户的需求也会在不经意间表露出来，销售员需要做的就是根据客户的反映，判断出客户的需求，并针对客户的需求进行销售。

涉水要懂水性，推销要摸清客户的脾性

俗话说：爬山要知山性，涉水要懂水性。摸清客户的脾性，对于初做业务的人来说真的很难，但是这一关是必须要过的。不知道客户脾性如何，盲目跟进，可能会引起客户反感，让他们对你避之唯恐不及。

客户的性格表现为坚定性、果断性、自制力等意志特征。比如，有的客户对于长期合作的销售员、长期使用的产品比较信任，如果他有产品需要，甚至会比销售员更主动地提出订购要求；有的客户比较豪爽，喜欢迅速做出决定，不喜欢销售员长篇大论；有的客户善于自我控制，不会让情绪影响正常的销售谈判。

性格本身并无好坏之分，性格特征与个人能力、道德标准和人品也无必然联系，但不同性格有不同的惯性思维模式、情绪反应和行为习惯。

关于在先熟稔客户性格，然后对症下药这个销售环节中，乔·吉拉德有个非常形象的比喻。

"我无法想象一个不具有各种推销技巧的人能把推销做得像模像样，而这些技巧又在实践中不断发展或产生。只需运用一种推销技巧的年代早已离我们远去，我们必须人人懂得多种技巧。只会一种成交技巧就像是次轻量级拳击手站在台上与世界重量级拳王交锋时，只会打一种拳法，或者像棒球投手只会扔快球一样。要想获胜，棒球投手必须会几种有效的投法——曲线球、滑行曲线球、慢球以及快球。"

正如优秀的投手一样，当他站在投球区时，他得根据不同的形势和情况来确定投什么样的球，比如是谁拿着球棒，谁占垒，得分多少等等。你也必须预备好一套成交技巧，以便应付任何具体的推销实践。

识别不同类型的客户，其实并不那么难。你可以通过客户的语言节奏、肢体动作、衣着打扮等进行简单的判断。

（1）如果客户说话声音大、音量高、语速快，一般来说他不是成就型就是活跃型，进一步接触之后，如果客户对你不理不睬，一句话也不说，那么基本上就可以判定他是成就型客户。

（2）仔细观察心理学家的研究实验就会发现，他们对于一个人的着装格外关注，因为服装是一个人心理活动的外在表现。什么样的人，什么样的性格，往往就会选择相对应的服装。在销售中，要想准确判断一个人是否能够成为我们的客户，就要研究分析他的消费性格，就一定要关注他的衣着打扮。

（3）与客户攀谈时看他的兴趣爱好。比如，有的人喜欢打高尔夫、保龄球，有的人可能也喜欢但从未玩过。这就说明客户在经济实力和眼界等方面存在着差异。客户的爱好与其经济实力息息相关，而他的经济实力也决定着你的订单！

通过你的仔细观察，将客户进行快速甄别分类，从大脑中迅速调出对等模仿的策略。比如，当遇到一个语速快、音量高的客户，如果你是一个思维不够敏捷、说话结巴的销售员，那么销售可能会呈现出灾难性的后果——估计聊不上几分钟，销售人员就得打道回府了。因此，你需要对症下药，以客户最喜欢的谈话方式将局面打开。

但是，仍有个问题需要注意：即便是朋友，也有不可逾越的"雷区"，也要讲究基本的相处原则和方式，更不用说拜访陌生的客户了。

面对挑剔型的客户，要保持足够的耐心

当客户走进一家商店，店员拿出商品让他选择时，十个客户当中可能有九个都会对商品吹毛求疵。其实客户出现这种态度不外乎三种原因：一是表示自己有眼力；二是为要求

降价找借口；三是嫌太贵，以此作为不买的理由。

著名的推销大师乔·吉拉德曾说过这样的话："客户拒绝并不可怕，可怕的是客户不对你和你的产品发表任何意见，只是把你一个人晾在一边。所以我一向欢迎潜在客户对我的频频刁难。只要他们开口说话，我就会想办法找到成交的机会。"

心理学家分析：只有那些对产品有异议的客户才真正考虑过购买，如果客户并不打算购买，他一般不会对你的产品评头论足，因为这可以减少不必要的麻烦。所以说，挑剔是客户购买产品的前提。作为销售员，在遇到那些比较挑剔的客户时，一定要保持足够的耐心，洞悉客户挑剔背后的其他因素。绝对不能厌烦客户，更不能埋怨、指责客户的挑剔。

走进店里的客户，无论他是想买产品，还是单纯想"看一看"。不管他态度如何，脾气大小，只要他进来就应殷勤接待。而一个销售员的殷勤也不外三个目的：一是希望交易成功；二是希望他下次再来；三是希望他因得到很好的接待而介绍其他客户来。如果能做到这些，生意必定能兴隆。

（1）应对爱挑剔的客户时，销售员要知道这完全是客户的性格使然，销售员不能厌烦、排斥甚至拒绝客户，而是要虚心倾听客户的观点，站在客户的角度上冷静引导对话。

（2）当客户对产品不满意时，你首先要了解他的目的。如果他真是嫌质量不好，而你有更好的产品不妨拿出来，有些客户不在乎价高，只想要好质量的产品。如果没有更好的，你不妨同情地说："这质量确实不太好，因为好商品进价也高，所以只好进这种货了。不过这种产品也能用得下去。"这样客户就没什么好说的了，因为你已肯定了他的眼光不差，这笔交易很有把握成功。

（3）希望通过挑剔达到降价目的的客户，销售员不要为了迎合客户而立刻降价，这样会让客户以为产品确实存在问题。针对这种情况，销售员不妨转移话题，把客户的注意力转移到产品的价值上来，让客户认同了产品，就不会再要求降价了。

客户对产品挑剔，就说明客户希望产品是他理想中的样子，也可能产品基本上满足了他的要求，只是存在某方面的不足。尤其是那些对产品不是非常满意，但又不急于离开的客户，他们的购买几率会很大。此时销售员要判断客户挑剔的真正原因，并及时采取营救手段，把客户的挑剔扼杀在萌芽期，引导客户迅速转入产品成交准备阶段。

任何事情都有一个尺度，过犹不及。对于销售员来说，首先要以理服人，但同时也应看到，再刁蛮的客户也是上帝，在对其充分说明缘由后，刁蛮的客户仍不能理解的，需注意方式方法，适可而止，不可得理不让人。

面对技术型客户，要变身专家顾问

在销售过程当中，经常能够遇到一丝不苟的客户。他们其中有部分人出身工程师，有部分是文化人，崇尚"真理"，也许对你巧舌如簧十分不感兴趣。这时，如果想打动他们，就得收敛起以往的高调做法。当送人情，请客送礼十八般武艺统统用光也不见奇效后，你要马上见风使舵，让产品来替你打圆场。也就是说，对待看重技术的客户，用活生生的数据和清可见底湖水一般的分析说话。

在销售领域，外企喜欢拿数据分析给客户看，中间经过层层分析，让客户看的透彻：他的钱花在哪一步了，花在什么地方。最后诱导一个结论：把钱托付给我们来帮你得到产品、服务最值，然后客户就掏钱了。而中国人则喜欢小动作，用些技巧做成买卖。不过，在应对与国际对接越来越严丝合缝的客户，尤其是高端客户时，出示一份精彩的分析报告往往能起到关键作用。如果有必要，你还要帮客户做一些预算和策划。

有时候，销售员会陷入销售瓶颈：明明自己的产品很好，可是却无法将客户打动。究其原因，其实很简单，你并不了解客户真正缺少什么东西，也就无法让自己的销售轨迹沿着客户心中的稀缺物品的样子拓展下去。当客户承认他们面临的确缺少这种商品时，你完全可以借题发挥，用专业的精神打开客户拒绝的大门，促使他与你达成交易。一定避免的情况是客户一句"不要"就把你挡在门外。

以下是给客户需求应该注意的几点。

（1）先别急于销售，真心实意与客户交谈，确认对方最迫切需要的方面。

（2）用有效的策划、周密的数据为销售增添说服力。

（3）要把满足对方需求当作是自然而然的事，不要给客户以为了报答你的帮助才购买你的产品的感觉。

有句话叫"事实胜于雄辩"，当明确客户技术难题后，虽然你不能相当专业地去帮他解决这个问题，但却可以从自己的产品出发，为客户提供一种解决问题的途径。当客户认可你的方案后，就会愉快地和你进行合作。否则，即使跑断腿，磨破嘴皮子，恐怕客户也不会买你的账，记住，聪明的销售员永远是专业的，销售高手就是本领域的专家。

面对忠厚老实型客户，要做到以诚相待

这类客户对待每件事都很认真谨慎，他们不会轻易决定一件事是该做，还是不该做的。他们对于销售员都有一种本能的防御心理。对于交易也如此，所以这类客户一般都比较模棱两可，没有主见，不知是否该买，同样，这类客户也不会断然加以拒绝。

这类客户考虑的因素比较多，一般来说销售员很难取得他们的信任，但只要你能够诚恳的对待，他们一旦对你产生了信任，就会把一切都交给你。他们特别忠厚，你对他怎样，他也会对你怎样，甚至会超过你为他们所做的。

这类客户通常情况下很少说话，当你向他们询问问题时，他们只是"嗯""啊"几句应付你。平时听你说话，他们只是点头，总觉得别人说的都对似的，他们一般不会开口拒绝别人。

销售员可以抓住这类客户不会开口拒绝的性格特点促使他购买，只要一次购买对他有利或者觉得你没骗他，他就会一直买你的商品，因为他对你信任了。

反之，如果他认为你这次欺骗了他，即使你有十分好的商品他也不会再理睬你，因为他认为你不值得信赖，不值得为你这种人承担一丝一毫的风险。

这类客户还有一种通病，就是有时太腼腆了，所以对他们说话要亲切，尽量消除他的害羞心理，这样，他才能静下心来听你销售，交易也才能更顺利。而有过第一次成功圆满的交易后，这类客户对于再一次的销售，只要销售员说上几句话，十拿九稳交易就又成功了，他们绝不会寻找理由拒绝你。

这类客户，大多时候提出理由或是反对意见都会有些顾虑，他们会担心说出来伤害到销售员的自尊心。因此，销售员在处理他们不愿购买的理由时，一般是等到他询问之后再有针对性的予以解决。

因此，对这些客户要尽量亲切一些，不要欺骗他们，这样在保持信誉的同时，也增加了销售员的直接收益。

面对夸耀财富型客户，要照顾他们的面子

这类客户与上一类型类似，重点并不是夸大自己的知识面广，只不过他炫耀的是自己的财富。这类客户有两种类型，一种是真正拥有一定的财富；另一种则不是，他们只不过崇拜金钱而已。

第一类客户有钱，但不希望别人奉承他们，他们的主要方向是有一个品质好、包装好的名牌商品。所以对这类客户要诚恳地把自己商品的优点告诉他们，并且对他们的财富怀着一种不在乎的神情。这样客户会对你这种神情产生好奇，然后在他对你好奇的基础上，加快自己推销的步伐，他与你的交易成功率就增大了。

对于第二类客户，你就必须对他们进行奉承，恭维他们，使他们知道你非常羡慕客户有钱，满足他们的虚荣心。最后为了给他一个台阶下，使他能买你的商品，你就必须再做一些处理说明。你可以这样说："您就先交定金吧！余款以后交，我相信您的付款能力和个人信誉。"这样他会很感激你的。

交易成功后，别忘了说一声："还要请您以后多多关照。"这类客户，不可揭露他们的虚伪面具，这样会伤他们的自尊心，使交易产生困难。

面对沉默寡言型客户，点燃其内心那把火

这类客户都不爱说话，但颇有心计，做事非常细心，并且对自己的事都有主见，不为他人的语言所左右，特别是涉及到他的利益的时候更是如此。

他们表面看起来都很冷漠，有一种对一切都不在乎的神情，使人难以与之接近。其实他们的内心都是火热的，你只要能点燃他们内心那把火，他们会把一切都交给你。

这类客户看起来有一种让人感到冷漠的感觉，他们对于销售员不在乎，对于推销的商品也不重视，甚至销售员在进行商品介绍说明时，他们也不说一句话，没有什么表情变化，冷淡淡的，其实他们在用心听，在仔细考虑，只不过不表现在脸上和话语中，而是在他的脑子里。

他们往往不提问题则罢，一提就会提出一个很实在、并且很令人头痛的问题。这时销售员不能蒙混过关，因为想要骗他们是绝对不可能的。如果你解决不了他们的问题，他们就会立刻停止与你的谈话，因为他们本身就是惜话如金。所以销售员要小心地为他们解决问题，要抓住问题的关键所在。只要解答了他们的问题，他们就会立即要求购买商品，使交易成功。

对付这类客户，千万别运用那些施压、紧逼迫问等销售

方法，这样对他们一点用也没有，只会令他们生气，令他们对你产生厌恶心理。也不要盲目的夸耀你的商品，因为他们不会听你的，说了也白说，反而令他们讨厌，他们会自己看商品样品，你只要做一些介绍说明，再解决一些他们提的问题，这交易就成功了。

对这类客户，首先在进行销售商品说明时，要小心谨慎，说得全面一点，绝不可大意，要表现出你的诚恳，好像是你在问他问题。介绍完之后，他会进行一段时间的思考，这时你要闭嘴，等他抬起头之后，会问你一些问题，这时你再回答。你顺便说些商品的优点，使他对商品产生更大的兴趣，这样达成交易的可能性就大了。

这类客户也极易与人交朋友，只要你对他诚恳、真心，他也会用同样的态度来对待你，建立起友谊是没有多大问题的。

这种人看起来很难应付，但只要方法得当，反而会收到意外的效果。销售员只要用"道理"说服了他，生意就自然而然地做成了。

第六章

心理说服，把话说到客户心里去

说话是一门艺术，得要领者讲话精练，字字珠玑，简洁有力，使人不减兴味且深得人心。对于销售人员来说，关键不在于口才有多好，而在于是否能把话说到客户的心里去。在销售中，掌握好说话的各种技术往往能使你的努力达到事半功倍的效果。

销售离不开好口才

在这个万象杂陈的社会中，作为销售人员，最基本的日常工作就是要经常面对着形形色色的顾客，并时刻准备去应对各种各样的突发事件。不论是与顾客的接触，还是对突发事件的处理，都离不开双方的有效沟通，而这种有效沟通恰恰正是建立在销售人员出色的口才基础之上。

因此，销售人员需要具备一流的口才技巧。因为在销售实践中，销售人员要面对的更多的是对自己所推销商品不甚了解的顾客，如果缺乏相应的推销口才技巧，那么很难吸引顾客的注意力、打开销售局面，也就更谈不上成功销售了。

一个经验不足的推销员，挎着一个小包走进了一家公司。进去之后，他径直走到最近的一张办公桌前，低声问道："小姐，财务部在哪里？"

对方答道："在斜对面。"

过了一会儿，财务部的出纳走进来说："主管，来了个推销验钞机的，要不要？"

"不要，这种小商贩的东西不可靠。"

出纳离开后，推销员又走进了主管的办公室，大概知道是主管不同意购买，于是就踌躇着走到桌边，一时间竟忘了称呼，嗫嚅地说：

"要不要验钞机，买一个吧。"他几乎是在用乞求的语气说着。

"我们不需要，就这样吧。"主管头也不抬地说。

过了一会儿，一直没人理他，那位推销员自感无趣，碰了一鼻子灰，最后只好悄悄地退了出去。

看起来，这个推销员是让人同情的，但我们应该知道的是，市场不相信眼泪，更不会同情弱者。因为这个推销员的推销口才基本上没有任何技巧可言，平淡的话语很难让人对其人及其商品产生兴趣，因此拒绝他也是在情理之中的。

销售员要想成功地实现销售，一个至关重要的环节就是首先用自己的言谈来吸引客户的注意力，使客户对推销的对象产生兴趣，进而才有可能说服客户，并促使其最终做出购买的决定。在推销的过程中，应该想方设法通过短暂的接触和谈话来博取对方的好感，也就是要充分展示自己的口才魅力，这是进行成功销售的一个必要前提。

日本著名推销之神原一平，在打开推销局面，取得客户的信任上，有一套独特有效的方法：

"先生，您好！"

"你是谁啊？"

"我是明治保险公司的原一平，今天我到贵地，有两件事专程请教您这位附近最有名的老板。"

"附近最有名的老板？"

"是啊！根据我调查的结果，大家都说这个问题最好请教您。"

"哦！大伙儿都说是我！真是不敢当，到底什么问题呢？"

"实不相瞒，就是如何有效地规避税收和风险的事。"

"站着不方便，请进来说话吧！"

突然地推销，就像开始提及的那个推销人员，未免显得有点唐突，而且很容易招致对方的反感，从而招致了顾客的拒绝。如果先适当地恭维客户一番，再根据自己的推销需要，提出相关的问题，就能够比较容易地获得对方的好感，那么，随后的推销过程就会顺利很多。

从以上反正两个推销实例我们不难发现，销售口才的好坏和得当与否，在很大程度上左右着销售工作的成败。

在当今社会，一个人要想在与别人的交往中取得有利地位，获得成功，就离不开好口才，而销售工作尤其如此。在销售过程中，如果我们连话都说不清楚，词不达意，与客户沟通起来总是说不到客户心坎，难以打动对方，甚至让客户感觉别扭，那么根本谈不上销售的成功。可以说，作为销售人员，口才的好坏直接关系到能否顺利将商品推销出去。好口才会让你的销售之路越走越平坦——

好口才可以吸引客户的注意力；

好口才可以自如地与客户进行交谈；

好口才可以激发客户的兴趣，刺激对方的购买欲望；

好口才可以消除客户的疑虑，赢得对方的信任；

好口才可以将相关信息有效地传递给客户；

好口才能够缓和销售中的气氛；

好口才能让你摆脱销售中的沟通困境；

好口才可以让你掌握洽谈的主动权；

好口才可以变被动为主动，扭转局面；

好口才帮你有效实施推销策略，完成交易；

好口才也有助于赢得更多的客户。

归根结底，销售工作的各个环节，都离不开口才的发挥。在现代社会，良好的口才是每一个有追求的销售人员所必须具备的一项基本本领。好口才是销售人员走向成功的关键和有力保证。对于销售人员来说，要想赢得客户的喜欢，被客户接纳，就必须具备一定的交谈能力与说话艺术，只有这样，才能打开与客户沟通的大门，彼此的心灵才能产生共鸣，并为双方的交易关系搭起一座桥梁。

培养第一流的销售语言礼仪

销售人员在与顾客沟通时，一定要注意自己的语言礼仪。礼仪是一个人的学识、知识与教养的综合外在表现，一个不讲礼仪的销售人员很难得到顾客的尊重和好感，得不到顾客的尊重与好感，也就很难使顾客对你的产品产生兴趣。

语言是向客户有效传递信息的重要媒介，如果销售人员能准确掌握语言礼仪，那么在向客户推销时就能营造出愉快的交谈氛围，从而促使推销顺利进行。

销售人员要具备一流的语言礼仪应从以下几个方面加以注意。

1.注意礼貌用语

出于工作性质的需要，几乎每一个销售人员都要常把这些词挂在嘴边："您好""对不起""抱歉""打扰""原谅""请""谢谢"。一个推销员如果把这些词滚瓜烂熟地挂在嘴边，那么这个推销员无论是否能够推销成功，起码他不至于被顾客认为没礼貌、没有修养而遭拒绝。

布朗先生在一次去一家大型的服装公司推销产品的时候，总裁办公室的门虚掩着，当他推开总裁办公室的门的时候，居然发现几十双眼睛的目光向他扫来，有愤怒也有嘲弄。布朗先生看到这种情况，也为自己的鲁莽而感觉到了歉意，但他很快就镇静了下来："尊敬的先生们，很抱歉打扰诸位了，请原谅我的鲁莽。因为可能诸位在思考，所以外面听来没有任何声音而门虚掩着，所以我就冒昧地推门进来了，请原谅，我本应该敲门，但是我害怕会打断总裁先生的思路……"奇怪的是，听了他说的话，总裁先生根本没有生气，反而说："布朗先生，请原谅，恐怕你得等十几分钟，我们的会议因为特殊情况而延长了，抱歉的应该是我。"

布朗打断了客户的会议，但是他很快就恢复了镇静，并且礼貌地向与会人员做出了得体的解释。这样，就赢得了大家的理解与好感，连总裁先生都风趣地向他表示道歉。由此可见礼貌用语与话语得体的重要性。

2.具有魅力的谈吐

销售人员在与客户交谈时要时刻注意自己的语言礼仪，言谈举止要大方得体，不卑不亢，给客户以亲切、舒适的感觉。

具体说来，销售人员在与客户沟通的过程中要做到以下四点。

（1）表达要清晰。在与客户的沟通过程中，由于时间关系，销售人员往往一开始就要通过谈话来表明自己的来意。这就要求销售人员在说话前周密考虑话题所涉及的内容和背景，对方的特点以及时间、场景等因素。然后运用洪亮有力的声音，简练的语言，清晰的表达，来让客户迅速而准确地了解你的推销内容。

（2）保持语调自然。说话的语调对推销工作也有很大的影响。优秀的推销员之所以能够博取客户的好感，除了其谈话内容较为精辟、言辞较为美妙之外，其语调、节奏、音量通常情况下也都运用得恰到好处。因此，销售人员在说话时要做到：说话声音平稳轻柔，速度适中，注意抑扬顿挫，多用疑问或商讨语气，说话时喉部放松，不用鼻腔说话，尽量减少尖音，消除口头禅等。

（3）营造融洽氛围。在与客户沟通之初，推销员真诚的问候、自然的表情、亲切的语言是营造一个融洽气氛的关键因素。沟通过程中，推销员可以运用适当的赞美、客户感兴趣的话题等来营造一种愉快和谐的谈话氛围，为达到谈话效果可配合使用适度的手势，总之要使双方都感到这次谈话是令人愉快的。

（4）保持适当的距离。销售人员在与客户交谈时一定要养成良好的习惯，举止要大方，同时与对方保持一个适当的距离。如果与客户离得过近，超越了社交中正常的距离，就会显得很不礼貌；如果过远的话，销售人员和客户说话的声音不能很好地传递，就会给客户一种胆怯、没有经验的不良感觉。

此外，正确的语言礼仪还要求销售人员要避免在交谈中出现一些不良的习惯动作，如：挠后脑勺，不停地摆弄东西等。对于那些用手挖鼻孔或挖耳朵，或揉一揉鼻子等一些不文雅的动作就更应该避免出现了。

好的开场白是成功的一半

好的开始是成功的一半，销售人员与准顾客交谈之前，需要适当的开场白。开场白的好坏，几乎可以决定这一次访问的成败，换言之，好的开场，就是销售人员成功的一半。推销高手常用以下几种创造性的开场白：

1.金钱

几乎所有的人都对钱感兴趣，您省钱和赚钱的方法很容易使客户感兴趣。例如：

"张经理，我是来告诉您贵公司节省一半电费的方法。"

"王厂长，我们的机器比您目前的机器速度快，耗电少，更精确，能降低贵厂的生产成本。"

"陈厂长，您愿意每年在毛巾生产上节约5万元吗？"

2.真诚的赞美

大多数人都喜欢听到好听的话，客户也不例外。因此，赞美就成为接近顾客的好方法。赞美准顾客必须要找出别人可能忽略的特点，而让准顾客知道你的话是真诚的。赞美的话若不真诚，结果往往是适得其反的。恰到好处的赞美往往要先经过思索，不但要有诚意，而且要选定既定的目标。下面是几个赞美客户的开场白实例。

"王总，您这房子真漂亮。"这句话听起来像拍马屁。

"王总，您这房子的大厅设计得真别致。"这句话就是赞美了。

"林经理，我听华美服装厂的张总说，跟您做生意最痛快不过了。他夸赞您是一位热心爽快的人。"

"恭喜您啊，李总，我刚在报纸上看到您的消息，祝贺您当选十大杰出企业家。"

3.利用好奇心

现代心理学表明，好奇是人类行为的基本动机之一。美国杰克逊州立大学刘安彦教授说过："探索与好奇，似乎是一般人的天性，对于神秘奥妙的事物，往往是大家所熟悉关心的注目对象。"那些顾客不熟悉、不了解、不知道或与众不同的东西，往往会引起人们的注意，推销员可以利用人人皆有的好奇心来引起顾客的注意。

一位销售人员对顾客说："老李，您知道世界上最懒的东西是什么吗？"顾客感到迷惑，但也很好奇。这位销售人员继续说："就是您藏起来不用的钱。它们本来可以购买我们的空调，让您度过一个凉爽的夏天。"

销售人员制造神秘气氛，引起对方的好奇，然后，在解答疑问时，很技巧地把产品介绍给顾客。

4.提及有影响的第三人

告诉顾客，是第三者(顾客的亲友)要你来找他的。这是一种迂回战术，因为每个人都有"不看僧面看佛面"的心理，所以，大多数人对亲友介绍来的销售人员都很客气。

"何先生，您的好友张安平先生要我来找您，他认为您可能对我们的印刷机械感兴趣，因为，这些产品为他的公司带来很多好处与方便。"

打着别人的旗号来推介自己的方法，虽然很管用，但要注意，一定要确有其人其事，绝不可自己杜撰，要不然，顾客一经查明，必然弄巧成拙。

为了取信顾客，若能出示引荐人的名片或介绍信，效果更佳。

5.举著名的公司或人物为例

人们的购买行为常常受到其他人的影响，销售人员若能把握顾客这层心理，好好地利用，一定会收到很好的效果。

"李厂长，公司的张总采纳了我们的建议后，公司的营业状况大有起色。"

举著名的公司或人物为例，可以壮自己的声势，特别是如果你举的例子，正好是顾客所景仰或性质相同的企业时，效果就会更显著。

6.提出问题

销售人员直接向顾客提出问题，利用所提的问题来引起顾客的注意和兴趣。

"张厂长，您认为影响贵厂产品质量的主要因素是什么？"

产品质量自然是厂长最关心的问题之一，销售人员这么一问，无疑将引导对方逐步进入面谈。

在运用这一技巧时应注意，销售人员所提问题，应是对方最关心的问题，提问必须明确具体，不可言语不清楚，模棱两可，否则，很难引起顾客的注意。

7.向顾客提供信息

销售人员向顾客提供一些对顾客有帮助的信息，如市场行情，新技术，新产品知识等，往往会引起顾客的注意。这就要求销售人员能站到顾客的立场上，为顾客着想，尽量阅读报刊，掌握市场动态，充实自己的知识，把自己训练成为自己这一行业的专家。顾客或许对销售人员应付了事，可是对专家则是非常尊重的。例如，你对顾客说：

"我在某某刊物上看到一项新的技术发明，觉得对贵厂很有用。"

推销员为顾客提供了信息，关心了顾客的利益，也获得了顾客的尊敬与好感。

8.表演展示

销售人员利用各种戏剧性的动作来展示产品的特点，最能引起顾客注意。

一位消防用品销售人员见到顾客后，并不急于开口说话，而是从提包里拿出一件防火衣，将其装入一个大纸袋，旋即用火点燃纸袋，等纸袋烧完后，里面的衣服仍完好无损。这一戏剧性的表演，使顾客产生了极大的兴趣。卖高级领带的售货员如果单纯说"这是金钟牌高级领带"，不会有什么效果，但是，如果把领带揉成一团，再轻轻地摊平，然后说"这是金钟牌高级领带"，就能给人留下深刻的印象。

9.利用产品

销售人员利用所推销的产品来引起顾客的注意和兴趣的

方法，其最大特点就是让产品作自我介绍，用产品的魅力来吸引顾客。

河南省一乡镇企业厂长把该厂生产的设计新颖、做工考究的皮鞋放到郑州华联商厦经理办公桌上时，经理不禁眼睛一亮，问："哪产的？多少钱一双？"

广州表壳厂的销售人员到上海手表三厂去推销，他们准备了一个产品箱，里面放上制作精美，琳琅满目的新产品，进门后不说太多的话，把箱子打开，一下子就吸引住了顾客。

10.向顾客求教

销售人员利用向顾客请教问题的方法来引起顾客注意。

有些人好为人师，总喜欢指导、教育别人，或显示自己。销售人员有意找一些不懂的问题，或佯装不懂地向顾客请教。一般顾客是不会拒绝虚心讨教的销售人员的。

"王总，在计算机方面您可是专家。这是我公司研制的新型电脑，请您指导，在设计方面还存在什么问题？"

受到这番抬举，对方就会接过电脑资料，客户一旦被电脑先进的技术性能所吸引，推销便有望大功告成。

11.强调与众不同

销售人员要力图创造新的推销方法与推销风格，用新奇的方法来引起顾客的注意。

日本一位人寿保险销售人员，在名片上印着"76600"的数字，顾客好奇地问："这个数字是什么意思？"销售人员反问道："您一生中吃多少顿饭？"几乎没有一个顾客能答得出来，销售人员接着说："76600顿吗？假定退休年龄是55岁，按照日本人的平均寿命计算，您只剩下19年的饭，即20805顿。"

这位推销员用一个新奇的名片吸引住了顾客的注意力。

话不在多，"攻心"最重要

销售人员会说话，就能让客户满意，从而促成交易；销售员不会说话，就容易惹客户生气，从而使订单流失掉。

面对销售员，很多客户之所以感到厌烦是因为他们觉得销售员一旦说起话来没完没了，不管自己是否需要这样产品，最后不推销给自己誓不罢休。最后自己既在销售员这里浪费了大量时间，又无所收获，更烦躁的是还浪费了大笔金钱。必须肯定客户能听明白你的语言，不要用你自己明白的行话、术语，更不要拐弯抹角令人不知所云。

汤姆是一个销售档案设备的专家，他认为在销售过程中有必要采取强硬的态度以引起顾客的注意，只有这样才能把顾客从昏沉中惊醒过来。他对顾客说："你们的办公室档案设备已经过时了，如果使用我们的档案设备，一天就可以节约好几个小时的工作时间。"但顾客听了之后却很生气："我就不信你说的那一套。"

汤姆不但没有把顾客的反驳当成一件坏事，反而把它当作向顾客显示自己的机会，目的只是为了向顾客说明自己对这些设备非常熟悉、是内行、懂技术。他说："我的话是有根据的，而且我还可以证实我所说的话。"于是他就开始解释。但他很快就不得不停下来了。因为顾客已经怒容满面，他们怀疑他说的话，或者根本就拒绝同他进行业务洽谈。

汤姆在事后并没有很好的总结失败的教训，他在他的顾客档案中写到：根本听不进合理意见。他认为自己的销售方法没有错，错的只是这些顾客太顽固，听不进推销员的合理建议。后来，汤姆继续以他的这种强硬的销售方法推销产品，结果只能是碰的头破血流，大败而回。

在经过很多次的失败后，汤姆不得不开始认真的总结以往销售工作的失败教训，改进自己的销售方式。他终于悟出自己的销售方法有问题，因为他发现，他的竞争对手成功地将同样的产品卖给了曾经拒绝过他的顾客。

他改进了以往的一味按照自己的看法、不顾顾客感受的销售方法，开始采取提问的方式，去征求顾客的意见和看法："如果事实证明，改进你们的档案设备，一周之内可以节省好几个小时的工作，您对此有兴趣么？您想听听有关这方面的详情么？"这样的提问方法促进了业务洽谈的顺利进行，汤姆也终于成功的将产品销售出去了。因为只有这样的提问才不至于激怒顾客，顾客才有可能心平气和的考虑销售员的观点。

假如汤姆仍旧不总结以往的经验教训，不改进自己的销售方法，那么他的销售业绩永远也不会提高。因为顾客永远也不会接受他的销售方式。

常言说：客户就是上帝，又有哪个上帝愿意受到别人的指责呢？怎样才能把话说到对方心坎上？哪些话是客户想听呢？这一直是销售员津津乐道的话题。怎样说，客户才会听，怎样说才能吸引客户注意，让你发出的每一个声音都踏踏实实地传进客户心坎里去呢？

（1）说出客户已知的利益。这样有两个好处，一是强化客户的印象，二是避免可能的怀疑。因为你不说出来，客户就可能认为你已经取消了这项优惠，就会不满，而大多数时候客户是把不满埋在心里不说出来的。

（2）不要漫不经心地听（左耳进，右耳出）。要理解客户说的话，这是你能让客户满意的唯一方式。

（3）始终与客户保持目光接触，观察他的面部表情，注意他的声调变化。一线销售人员应当学会不光用耳朵，还要用眼睛去听。如果你能用笔记本记录客户说的有关词语，它会帮助你更认真地听，并能记住对方的话。

（4）永远不要假设你知道客户要说什么，因为这样的话，你会以为你知道客户的需求，而不会认真地去听。在听完之后，问一句："您的意思是……""我没有理解错的话，您需要……"，等等，以印证你所听到的。

不管你满面笑容的对面是一位怎样不友好的客户，有一种方法可以让他们慢慢平静下来的，那就是聆听。当很多销售员在听客户倾诉的时候，是一边听，一边紧张地在想对策：无论如何我必须证明他是错误的，而我的产品才是正确选择。结果导致客户大发雷霆。遇到这样的窘况，不妨先让客户发泄一番，随后找个合适的时间坦诚地谈一谈，帮助他找到问题所在。这样，交谈的主动权就转移到你这边了，而成交也会变得更加自然。

赞美是给客户最好的促销品

赞美是最好的开场技巧之一。什么是销售？简单说，销售就是哄客户高兴，然后跟你签单，让你得到利润的一个过程。客户的钱给谁都是给，但客户会把钱送给那些能让自己开心的人。客户一高兴，掏钱的速度就快。

每个人都有虚荣心，而满足人虚荣心的最好方法就是让对方产生优越感，这时，赞美就派上了大用场。因此，所有人都喜欢被别人赞美，以满足其优越感的人。

一位服装销售员见到一肥胖的中年男人从专柜前走过来就说："先生好福相呀！"顾客一听，能不开心吗？

一位店老板看到顾客带着几岁的女儿过来了，就把小女孩抱起来赞叹道："真可爱，长大一定会像你妈妈一样漂亮。"妈妈和女儿能不开心吗？

看，这就是销售员的赞美对客户所产生的强大作用！无论是什么人，无论是看起来多么难以接近的客户，你都应该知道，在他们听到赞美之时，同样会觉得非常高兴，而这些赞美实际上就是你成功打开销售之门的金钥匙。

莎士比亚说，美好的语言胜过礼物。销售员的赞美语言是给客户最好的促销品。

（1）销售员可以多给客户说一些好听话。如："您真有眼光，看上我们卖得最好的产品。""您真有眼光，您看到的是刚刚推出的最新款式产品……"如此一来，客户一定会很高兴地接受赞美。

（2）要把握时机。错过时机或时机不对，有时赞美甚至会得到反效果。例如，看到别人穿着新衣，但却直说他上礼拜穿的洋装实在好看，你想这时别人心中会高兴吗？同样地，对不在场的人过分地褒赞，岂不是会让在场的其他人认为你是觉得他们不好吗？

（3）过于露骨的赞美虽不太妥当，但总比听一些不中听的话要来得好。只要适当地赞美，就会有意想不到的效果。

销售员要富于洞察力，善于发现客户身上的"闪光点"，及时从理解的角度真诚地赞美客户。即使彼此的经历、兴趣、脾气等都极不相同，但销售员为了搞好与客户之间的关系，也应当事先作好充分的准备，在谈话中极力运用认同的技巧，使得销售的初期阶段氛围祥和温馨，这样才有利于转入正题。

学会向客户巧妙发问

在销售过程中根据顾客不同行为和语言反应运用不同的沟通手段，巧妙发问，把握消费者心理。在电视小品《卖拐》里面，赵本山对范伟心理把握的技巧令人叫绝。首先以"拐卖"的叫喊引起范伟的注意，然后以"恐吓"引发范伟的深入关注，以"猜出来历"引起范伟的浓厚兴趣，环环相扣，恰到好处，充分掌握了范伟的心理。

赵本山：就这病发现就晚期！（恐吓引发其关注）

范伟：你怎么回事你啊？大过年地说点好听的！怎么回事儿！

赵本山：别激动，看出点问题来，哎呀，说你也不信！（欲擒故纵）

范伟：你得说出来我信不信呐，怎么回事儿啊？

赵本山：先不说病情，我知道你是干啥的！（转移话题，吊起范伟浓厚的兴趣，为下文铺垫）

范伟：咳咳，还知道我是干啥的，我是干啥的？

赵本山：你是大老板。（试探）

范伟：啥？

赵本山：那是不可能地。（灵活转移）

赵本山：在饭店工作。

高秀敏：你咋知道他是在饭店呢？

赵本山：身上一股葱花味——是不是饭店的？（观察细节）

范伟：那——你说我是饭店干啥的？

赵本山：厨师！

范伟：咦？

赵本山：是不？

高秀敏：哎呀，你咋知道他是厨师呢？

赵本山：脑袋大，脖子粗，不是大款就是伙夫！——是不？是厨师不？

那些闲逛走进门店的客人的心理阶段和范伟也是一样，从随意的观察浏览，到对一件漂亮的衣服引起注意，到引发联想：自己穿上是如何的漂亮，再到试穿体验阶段，然后对比评价衣服的价值是否划算，一直到最后是否决定购买等，都是客人的各个心理阶段。这个过程中，要注意巧妙地发问，来洞悉顾客的需求。

通过询问客户来达到探寻客户需求的真正目的，这是营销人员最基本的销售技巧，在询问客户时，问题面要采用由宽到窄的方式逐渐进行深度探寻。如："王经理，您能不能介绍一下贵公司今年总体的商品销售趋势和情况？""贵公司在哪些方面有重点需求？""贵公司对产品的需求情况，您能介绍一下吗？"

适时采用扩大询问法，可以让客户自由地发挥，让他多说，让我们知道更多的东西，而采用限定询问法，则让客户始终不远离会谈的主题，限定客户回答问题的方向，在询问客户时，营销人员经常会犯的毛病就是"封闭话题"。如："王经理，贵公司的产品需求计划是如何报审的呢？"这就是一个扩大式的询问法；如："王经理，像我们提交的一些供货计划，是需要通过您的审批后才能在下面的部门去落实吗？"这是一个典型的限定询问法；而营销人员千万不要采用封闭话题式的询问法来代替客户作答，以造成对话的中止，如："王经理，你们每个月销售产品大概是6万元，对吧？"

通过直接性提问去发现顾客的需求与要求时，往往发现顾客会产生抗拒而不是坦诚相告。所以，提问一定要以有技巧、巧妙、不伤害顾客感情为原则。药店销售员可以提出几个经过精心选择的问题有礼貌地询问顾客，再加上有技巧的介绍药品和对顾客进行赞美，以引导顾客充分表达他们自身的真实想法。

所以在提问时，不要单方面一味询问。缺乏经验的销售员常常犯一个错误，就是过多地询问顾客一些不太重要的问题或是接连不断的提问题，使顾客有种"被调查"的不良感觉，从而对销售员产生反感而不肯说实话。

同时要将询问与商品提示交替进行。因为"商品提示"和"询问"如同自行车上的两个轮子，共同推动着销售工作，销售员可以运用这种方式一点一点地往下探寻，就肯定能掌握顾客的真正需求。

也可以通过向顾客推荐一两件商品，观看顾客的反应，就可以了解顾客的愿望了。

所以，询问的方法很重要，如果方法不对就会直接导致销售的失败。

喋喋不休是销售沟通中的大忌

我们经常会看到有客户抱怨："那个推销员在我家喋喋不休，推销了一上午他的产品，浪费了我宝贵的时间，真是烦人。""那个推销员又来了，他一来就说好多话，太磨叽了。"……

可见，推销员的喋喋不休只能导致客户的心烦意乱，并不能给推销带来实质性的突破。舒克在这方面有着深刻的教训，所以他深知喋喋不休的坏处。

在舒克做推销工作不久的时候，有一位朋友曾私下里告诉舒克："你这人喋喋不休，一分钟就能讲明白的事却非得说上15分钟，我都不敢向你提问题了。"这还只是朋友闲聊。有一次在会谈中，对方毫不客气地说："有话你就直说，别在那儿纠缠细枝末节。"

舒克听了这些话，知道自己身上存在了不足，并进行了深刻反省，知道自己的喋喋不休不仅打扰了朋友，也浪费了自己的时间，并因此失去许多宝贵的推销机会。

他决心要学习长话短说，改掉自己这个坏毛病。在家里，舒克叮嘱自己的妻子每次见他喋喋不休的时候就马上在嘴边竖起手指，舒克就这样像逃避响尾蛇一样逃避琐碎的唠叨。

经过数月苦练，舒克开始能够言简意赅地说话了。但舒克的奋斗并未停止，他希望自己终身与喋喋不休斗争。

通用电器公司的副总裁说："我们在总公司的会议上投票表决推销员为什么会失去推销机会，结果75％的人认为原因是推销员说得太多。"

你可以把打电话的时间减少一半。打电话前把所说的事在纸上一一列清，然后向对方说："我知道您忙，有几件事须跟您商量……"把这几件事讲完，对方也就明白谈话即将结束。

懂得言简意赅地讲话，抓住客户最关注的点说出来，就可以引起客户的兴趣，客户感兴趣，就会和你攀谈，这样更容易拉拢住客户，千万不要上来就对客户喋喋不休地介绍产品，却不知道客户最感兴趣的是什么，没有针对性地说一气，你说得再多，也许对方不仅不会购买，反而会对你产生非常不好的印象。

也许你也有夸夸其谈、没完没了的时候。记住，要给自己的大脑中安一个闹钟。说话的时候懂得察言观色，如果客户没有让你继续说下去的意思，你最好还是提早住口。

下面是推销员必须注意的几点：

（1）推销员知道的不能太少，但说的不能太多。如果对客户知道的太少，就对客户不了解，就更不知道怎样说了，如果不小心说到客户反感或者忌讳的事情，就很可能会失去这位客户，所以，在选定客户后，一定要详细地了解客户，不要因为自己的无知让客户流失。

想要对客户有更深入的了解，你就该抓住宝贵的和客户交流的时间，多让客户说，这样才能发现客户真正的需求点，才能有的放矢地去说服客户。

（2）喋喋不休的人会让人反感。说话唠唠叨叨，没有重点，不着边际，绕来绕去的，除了让自己觉得"酣畅淋漓"外，只会让听众因不得要领而心生厌烦。有的推销员自以为见识多广，一通电话就说："秦先生啊，听说您是做印花材料的，我知道这种材料……"本来这位推销员对印花材料所知甚少且不专业，结果还要班门弄斧地和客户大谈特谈，这只能让客户反感，也浪费了自己跟客户谈正事的宝贵时间。所以，推销员在推销时一定要明确自己的目标，不要和客户就与自己的目标不相干的话题谈得过多，以免耽误自己的销售达成。

（3）如果你真心为对方着想，就不要喋喋不休。推销员在与客户交流的过程中应该更多地去关注客户的感受，而不是自己喋喋不休。不妨作个换位思考：如果你自己是那个客户的话，面对一个喋喋不休的人，你会是什么感受？如果客户已经说不需要了，你就应识趣地打住话头，为自己下次交流争取一个理由！喋喋不休只会让自己白白地失去一个客户。

（5）打电话前务必先了解一下客户的需求。有的推销员把客户当成"犯人"来"审问"或是当作一本《十万个为什么》，对客户问这问那，让客户好不厌烦。其实，在打电话前事先了解清楚客户的有关情况是推销员必做的基本功，基本功都没做扎实，还谈何让客户购买你的产品呢？

（6）一定要调整好自己的心态和情绪。买卖不成仁义在。不要做不成生意，就对客户表示不满，向客户发牢骚，否则，不管你做哪一行，都是难以成功的。

有时也要敢于说"NO"

人不能贪得无厌，不能企图对什么样的客户都拉过来，与之成交，要懂得拒绝，懂得说"不"。特别是销售员在推销产品的时候，不能够对客户的要求全盘答应，要懂得说"不"的重要意义。

你是否希望有时能说不？很多人被迫同意每个请求，宁愿竭尽全力做事，也不愿拒绝帮忙，即使自己也没有时间。其实学会委婉的拒绝同样可以赢得周围人对你的尊敬。沟通技巧是销售技巧中最重要的部分，以下的沟通技巧教你如何有效拒绝别人的无理要求。

那么，为什么你继续答应客户的要求呢？这可能是因为你害怕拒绝会丧失客户，令他们灰心，从此不登你的三宝殿。但是，有时候销售员必须学会说"NO"，这不光是出于对几个利益相关方的利益保全在做慎重考虑，更是一种自我保护。

有位销售员接到一个来自福建的客户电话。客户自称是做橡胶产品的，问销售员是不是有这方面的材料。这位销售员告诉客户只能做硅胶和硅橡胶，不做橡胶，如果是PVC或是硅胶材料的就有。

但是客户并不要这些材料，确定只要做X型号的。销售员告诉客户："到目前为止，还没有人用硅胶和硅橡胶制作过您的产品，所以我们无法合作。"

客户说："你不是给别人寄过样品吗？你也给我寄一点，寄来我试下就知道能不能用了呀。"

销售员想了想："我没有给您说的产品制作商寄过什么材料，您在哪里看到的，是哪家公司？"

"我在快递那里看到送货到……"

这位客户强调一定要提供样品给他，但是这位销售员已经忘记什么时候与这位难缠的客户联系过。经过一番在脑海中的搜寻，销售员突然想到前段时间向这位客户寄过样品，在了解样品用的情况时，刚开始是说还在试用，再一次打电话说用的还可以，说是让销售员把账号发给他，第二天打款订货，具体要订多少不说。第二天问客户订货的事情，却说到时再与销售员联系。于是销售员又打过去问他情况，对方又说产品还在测试，结果出来后再看订哪家的。

销售员感到很郁闷，上次说要订货，这次又来骗材料样品了。

随后，这位客户又在孜孜不倦地向销售员套他们的材料机密和其他客户资料，这位销售员果断地拒绝了。

这个例子提醒销售员要注意一个问题，在向客户提供资料时，要多个心眼！当客户向销售员提出要求时，很多销售员为了不得罪客户而有求必应。但实际上已经泄露了重要机密，或者已经牺牲了公司和你自己的巨大利益！要知道，你的这个单子不但要为自己争取业绩，还代表着公司的利益。如果客户看到你是"软柿子"，一味要挟你为自己谋取更高利益，甚至是不正当权益，难道你能牺牲公司的利益、牺牲行业道德满足他们这些过分要求吗？

（1）首先问清楚是什么事、什么动机、什么目的、自己能不能办？如果要求正当，又在自己力所能及的范围，当尽力为客户提供服务，把好事做好、做实、做到位，以体现"客户至上"的服务理念。

（2）如果对方要求苛刻，既超出了自己能力范围，又不符合合同规定和工作规范要求，就要毫不犹豫地予以拒绝。不要给他们留下什么念头和希望，千万不能碍于情面，含糊其词。要做好解释，让客户明白为什么办不到，做到有理有节，不伤害感情。

（3）如果客户托你办的事确有难度，就要跟他们说明，切不可不假思索，满口答应"这事没问题，包在我身上"，给自己留一点余地。

第七章

心理掌控，抓住客户内心的机密

客户都爱面子，都想被优待，都怕上当受骗，都乐于占便宜……摸清客户的心理，设下美妙的"圈套"，可以诱使客户就范。销售员懂得运用诱捕客户的技巧，这比费尽口舌却不讨好的销售方法要有效得多。

吃透消费者心理，生意才能滚滚来

在推广自己的产品时，潜在的用户往往会出现各种心理变化，如果不仔细揣摩客户的心理，不拿出"看家功夫"，就很难摸透对方的真正意图。

你"看"客户的时候，要揣摩客户的心理。客户究竟希望得到什么样的服务？客户为什么希望得到这样的服务？这是服务人员在观察客户时要不断提醒自己的两个问题。因为各种各样的原因会使客户不愿意将自己的期望说出来，而是通过隐含的语言、身体动作等表达出来，这时，就需要及时揣摩客户的心理。

心理学家做过的实验表明，人们视线相互接触的时间，通常占交往时间的30%~60%。如果超过60%，表示彼此对对方的兴趣可能大于交谈的话题；低于30%，表明对对方本人或话题没有兴趣。

视线接触的时间，除关系十分密切的人外，一般连续注视对方的时间在1~2秒钟内，而美国人习惯在1秒钟内。

一位30岁左右的男客户带着自己的母亲来给儿子买钙

片，两人在货架中转上几圈才看到一款心仪的产品。

"这种钙片效果不错，小孩子服用后很容易吸收，很多家长都点名要它。"店员李洋站在一旁介绍着。"好是好，就是太贵了。不管大人还是小孩，老吃好药也不行。"老太太拿着钙片有些犹豫。男客户刚要说话时，手机突然响了，便走到一旁接听电话。

老太太一个人呆看着那盒钙片，半天迈不开步。"阿姨，您觉得这个钙片也不错，是吗？"店员李洋走过去问道。"可这也太贵了。一瓶200多才够吃一个半月。"老太太摇摇头准备将其放回货架，"阿姨，我一看您就想起我母亲，一辈子都为儿女操心，自己没用过舒心的东西。看来您很疼孙子，连买个药都要亲自跑一趟。既然您看好这个产品，想必买回家给孙子，您自己也会觉得开心。这药价虽然高了点，但一分钱一分货。况且现在药品安全存在隐患，给小孩子还是要购买质量好的保健品。"李洋的一番话让老太太的意志有些动摇。"是啊，现在都是穷啥也不能穷孩子，我也怕便宜的药会给孩子吃出毛病，我们家都围着他转。"老太太拿着钙还没撒手。

这时，男客户打完电话也走过来征求母亲的意见。"大哥，阿姨手里拿的钙片是儿童钙片中最好的，阿姨很满意，您看……"李洋马上将目光转移到男客户身上。"有点贵。"男客户看看价签，并没有反对的眼神。"大哥，我觉得这个给小孩子吃比较好，而且阿姨也看上了，拿回去给孙子吃，她心里也会舒服。老人家只要舒服就会身体健康，老人家健康不就是儿女的希望吗？"李洋继续揣测客户心理。"贵是贵点，不过只要您老觉得好，咱们也不差钱。"男客户的心被李洋说动了。"妈，你要觉得好，咱们就买下它。"片刻后，老太太便拿着药品开心地朝收银台走去。

要在沟通中更好地揣摩客户的消费心理，不要急于导购、急于让客户购买，盲目地为了"卖"而"卖"，说了一大堆废话仍没有达到自己的目的。客户本来就属于药店的对立方，店员若不能抓住他们的心理，说过多的话语也只会冲淡所要表达的主题，从而出现"跑单"的情况。

调动客户的"从众心理"

一名客户在柜台旁看商品，销售员热情地跑过来问："先生要买什么，我可以帮你"，结果客户说"我随便看看"，于是离开了柜台。一会儿柜台又来了一群人，大家叽叽喳喳地询问销售员。过不了一会儿就有一人掏钱买下了一个，于是其他人纷纷准备购买。这时候，先前的客户又出现了，他在旁边认真地听着、看着，还拿起商品反复看。结果他说："喂，给我也拿一件！"

这是实际发生在每一个柜台前的故事，是你、我、他都可能存有的一种购物时的习惯，那就是从众心理。

你在挑选商品的时候是不是也有这样的从众心理呢？你在购买时所关注的是商品的什么呢？价格？信誉？还是对商品的了解和熟悉度？不敢下单，或者是觉得门槛太高？还是缺少示范，没人在你前面购买这样的商品？

买家看到的"很多人"是如何"看"的呢？在网络这样一个虚拟的购物环境中，客户看到的就是商品的销售量、浏览量以及客户对商品的评价，还有最新商品促销通知等，都能为用户营造这种"绝不仅有你一个人在购物"的环境。营造"有人"而且"人很多"的氛围告诉客户，买这件商品的客户并不仅仅只有你，你购买这件商品是很合情合理合群的行为。在你之前，很多人已经购买了这些商品，在你之后还会有很多人继续来买。不用担心，勇敢地点下"确认"键。

这就是我们的从众心理，每个人都有，无可避免的。

"从众心理"其实是一种客户购买过程的心理活动，通俗地解释就是"人云亦云""随大流"。大家都这么认为，我也就这么认为；大家都这么做，我也就跟着这么做。销售员如果能有效地掌握或调动客户购买行为中的从众心理，肯定有助于产品的销售。

其实掌握客户的心理，比起其他条件如产品的价格、特色等，在营销上反而更有决定性。因为一切购买行为，到最后都是取决于客户当时的心理导向。

我们通常会发现这样一种现象，客户不论是买东西还是吃饭，都喜欢往人多的地方去。如哪家商场的人多，那么将会有越来越多的消费者挤进去；哪家大排档生意好，即使没有空位，客户也愿意花时间去等，而不愿意换一家。任何商店都是如此。如果客户发现哪家商店的人多，都会不由自主地走进去逛一逛、看一看是不是有什么力度大的促销活动。即使附近的一家商店没什么人，也少有消费者会主动进去看看。这也就是所谓的从众心理。有从众心理的客户，有些并不是有急切的需要，而是为了凑热闹，看是否能得到实惠进行消费，以求得心理上的满足。面对客户的从众心理，销售员可运用"专业、时尚、口碑、热销"的促销语言趁热打铁，促成交易。

客户接受销售员推荐的时候不敢做决定，销售员告诉客户谁谁在使用，尤其是她认识的朋友也在用，客户就会放心地购买。为什么做广告都要找明星找有影响力的人物呢？因为他们可以影响消费者的消费行为，人们看到著名人物的广告就会顺应大众的心理，营造一种你想我在使用，我想你也在用，大家想大家都在用的共同想法，正是大家想大家都在用的心理，广告就发挥了巨大的作用，广告就是利用人的从众心理产生效果的。绝大多数的客户对新品牌存在顾虑心理，在客户不能下决定的时候让他看看周围的人都在使用，尤其是客户认识的人产生的效果会更好，这样的方式可以打消客户的疑虑，让客户放心。

激起好奇心，打开客户的钱袋子

好奇心是所有人类行为动机中最有力的一种，在实际推销工作中，可以用话先勾起客户的好奇心，引起对方的注意和兴趣，然后从中说出推销商品的好处，这就是我们现在所说的注意力经济。

人人都有好奇心，在推销中善于利用人们的好奇心，设法引起客户的注意和兴趣，有利于促使交易成功。

人们对你卖的东西产生好奇，也就意味着你拥有了一半的成交机会。商人如能巧妙地利用人们的好奇心，很容易达到促销的目的。

美国商人鲍洛奇早年在美国一个叫杜鲁茨城的最为繁华的街道替老板看摊卖水果。有一次，老板贮藏水果的冷冻厂发生了一场意料不到的火灾。当消防人员赶来把大火扑灭时，16箱香蕉已被大火烤得变成了土黄色，表面还出现不少小黑点。这些香蕉一点都没变质，相反，由于火烤的原因，这些香蕉还别具一番风味。

老板把这些香蕉送到鲍洛奇的摊位上，让他降价处理。当时，普通香蕉每磅的售价是4美分，老板让鲍洛奇以每磅2美分降价一半出售。老板还交代，香蕉只要能够卖出去，不至于浪费掉就行了，即使价格再低一点也可以卖。不少客户走到他的摊前，见到这些丑陋不堪的香蕉，只好摇着头转到别的摊位前去了。第一天，鲍洛奇只卖出了8磅。

第二天一大早，鲍洛奇又开始叫开了："各位先生，各位女士，大家早上好！我刚批过来一些进口的阿根廷香蕉，风味独特，只此一家，数量有限，快来买呀！"很快，鲍洛奇的摊前就围了一大群人。众人目不转睛地盯着这些黄中带黑的"阿根廷香蕉"，有些犹豫，不知道要不要买。

看到这么多人围到自己的摊位前，鲍洛奇兴奋极了，立刻鼓动三寸之舌："阿根廷香蕉，阿根廷香蕉！最新进口的，我们公司好不容易批到的。这种香蕉产在阿根廷靠海的地区，阳光充足，水分多，风味独特！"

在人们将信将疑之际，鲍洛奇不失时机地问一位穿着得体的小姐："小姐，请问您以前尝过这种'阿根廷香蕉'吗？"这位小姐在摊位前张望很久，鲍洛奇早已注意到她了。她的眼睛好奇地盯着这些香蕉很久了，那样子很像打算买，只是还没有最后拿定主意。鲍洛奇决定从她身上打开突破口。

"哦，我可没有，从来没有尝过。这些香蕉蛮有意思的，只是有点黑。"小姐说。

"这正是它们的独特之处，否则的话，它们也就不叫阿根廷香蕉了。你见过鹌鹑蛋吗？鹌鹑蛋也是带有黑点，但是鹌鹑蛋却特别好吃，不是吗？"鲍洛奇唾沫飞溅地说，"请您尝尝，您从来没有尝过这种风味如此独特的香蕉，我敢打赌！"接着他马上剥了一根香蕉递到小姐的手里，小姐接过吃了一口。

"味道怎么样，是不是非常独特？"鲍洛奇不失时机地问。

"嗯，味道确实与众不同。我买8磅。"小姐说。

"这样美味的阿根廷香蕉只卖10美分1磅，已经是最便宜的啦。我们公司好不容易弄到这么一点货，大家不尝尝？错过机会您想买就买不到了。"鲍洛奇大声吆喝起来。

既然那位小姐已经带头买了，而且说味道独特，再加上鲍洛奇的鼓动，大家不再犹豫，纷纷掏出钱来，想尝尝"进口的阿根廷香蕉"到底是什么样的独特味道。于是你来5磅，他来3磅，很快，16箱被大火烤过的香蕉竟然以高出市价一倍多的价钱卖得精光。

可见，经商中设置悬念吊起对方好奇心，是一种行之有效的游说方法。在你满足了他人的好奇心的同时，对方也就会自觉地接受你的意见。

每个客户都有"感性需求"

如果把客户的需求进一步解析的话，可以分成两大部分：一部分是生意上的需求；另一部分是感情上的，不妨称之为"感性需求"。

生意上的需求是逻辑的、理性的和实用的。而情感上的需求是感性的、非逻辑的，有时甚至是无理的，但是却有很重的分量。比如下面这个例子。

一位外国客人来到我国的一家书画店，营业员一看对方背的两个大提袋已塞满了中国的各种民间工艺品，马上迎上前去热情地说："先生，您好，来中国旅游吧？您买的东西可真不少啊！来，我帮您放下，好好歇歇！"

外国客人放下提袋后，营业员又说："先生，您可真有艺术眼光，对中国的民间工艺一定很有研究吧！"外国客人听了很高兴，自豪地说："我最喜欢中国艺术品了，我每次到中国来都要买一批。现在我家里客厅的博古架上，中国的工艺品都琳琅满目啦！"

此时营业员灵机一动，接下去说："先生，您看这个条幅，一个'艺'字，把您这种苦心追求的精神境界和您所悉心收藏的艺术珍品都概括进去了！"

外国人听后更加兴奋了，他快步走到条幅跟前，左看右看，时而若有所思，时而眉飞色舞。忽然，他眼神一亮，说："多少钱？我买了！"

营业员的种种表现，极大地满足了外国客户的"感性需求"，从而促成了交易。

生意上的需求只是暂时的，一旦交易结束，这种需求也就自动停止，但"感性需求"却是连贯的。一旦满足了客户的"感性需求"，就会使他不断地光顾，因为一旦生意上的需求得到满足，他们就会再回来寻找满足情感需求的体验。

满足客户在生意上的需求很容易，他要买，你要卖，钱货两清，简简单单。但要满足客户的"感性需求"可就没那么容易了，那是一个非常复杂的过程。

正是那种被关心的感觉，使得客户一次又一次地回头光顾，这也是我们要致力于为客户创造这种感觉和积极体验的原因。

如果在完成交易时，客户经历的整个体验是负面的情绪，比如：挫折感、愤怒、厌恶、担忧、无能和冷漠。如果他对你缺乏信心，感觉受到了欺骗，或者认为你不能保持住良好的状态，他通常不会再来光顾，除非实在找不到其他替代者。

正是这种情感体验的品质决定了他是否愿意继续与你打交道。

虚荣心让客户乖乖就范

先看一个故事。

人间有一马屁精，善于拍上司马屁，搬弄是非，说假话害人。阎王得知差小鬼将其拿来审问："你惯于溜须拍马，骗取上司信任，陷害异己，罪不容赦，左右将其叉下油锅。"

马屁精连忙说道："且慢，我有话回。"

"说。"

"人间有些上司贤愚不分，良莠不辨，喜欢拍马谄媚的人，如果都像阎王爷你公正廉明，执法如山，世上就没有拍马屁的人了。"

阎王听了心里乐滋滋的。

马屁精乘机又说："我在阳间早就听说阎王爷你胜过包龙图、海青天，是万中无一的青天大老爷。纵然将我碎尸万段，也心服口服。"

说罢磕头如捣蒜。

阎王爷听了马屁精一番吹捧，哈哈大笑，手拈胡须说道："看你也不像个坏人，放你回去再活20年。"

说罢命小鬼将马屁精送出酆都城。

待小鬼远去，马屁精仰天大笑："阎王的马屁也被我拍上了！"

从此则笑话当中可以看出，连阎王爷都有虚荣之心，更何况我们这些普普通通的人类了。

某商场欲处理一批原卖价100元左右的服装，因其将要过时，便将这些服装推进一个低档屋，并在上面标明是处理品，每件30元，想以低价来吸引客户。哪知一个星期过去了没卖出一件，原因是这个处理区竟然没有人进。后来一个业务经理想了一个办法，将处理品的牌子换成了促销的牌子，将这些服装摆进了高档间的一个角落里，并在标价牌上写到原价800元，现促销价300元，数量有限，仅此10件。让商场没有想到的是这些服装短短几天时间便被一抢而空。

每个人都有虚荣心，让人满足虚荣心的最好方法就是让对方产生优越感。上面的经理非常聪明地用了这样一个小技巧。

满足客户的虚荣心是推销的一大手段。有时候你的表现抬高了他们，把他们奉为内行或这方面的老师，使他们获得了一种是重要人物的感觉，他们往往会改变自己原来的主意而购买你的商品。

但是并不是每个人都能功成名就，使自己的优越感得到满足，相反地，大部分的人都过着平凡的日子。每个人平常都承受着不同的压力，往往有志不能伸，处处听命于人。虽说常态如此，但是绝大多数的人都想尝试一下优越于别人的滋味，因此，这些人会比较喜欢那些能满足自己优越感的人。

客户的优越感被满足，初次见面的警戒心也自然消失了，彼此距离拉近，能让双方的好感向前迈进一大步。

心理学家说，任何人都有不输给别人以及受人尊重的欲望。身为销售人员，更没有理由不运用这种人类共有的心态。

客户都乐于尝点"甜头"

中国古语云："欲将取之，必先予之。"这是中国古代兵法中常用的招数，而日本人在现代经商谋略中将这一原则演绎得淋漓尽致。取与予，相反相成，前者是目的，后者是手段。只想得到，不愿给予，这是一厢情愿，做生意也不会赚钱。若要自己受惠，先要施惠于人。有甜头，客户才愿意停留下来慢慢嚼。

日本佳能照相机如今是世界名牌产品，但是，当初走进中国改革开放的大市场时，已经慢了半拍，别的牌子的照相机早已挂上了中国摄影记者的脖子。可佳能公司并不因此而止步，他们绝不会望着中国这个巨大的市场而不流口水。怎样占领中国市场呢？他们上演了一出经过精心策划的好戏。

佳能公司经过调查发现，中国众多的摄影工作者、爱好者只能从样本资料上了解佳能EOS照相机的性能，从商店的橱窗里看到它的模样，却不能去摸一摸、试一试EOS的功能究竟怎样。佳能公司上海事务所为了使EOS与中国的消费者熟悉起来，成为"好朋友"，就想出了一招。他们把大批佳能EOS照相机借给上海的记者，让他们免费使用40天，同时又请维修部的专家讲解它的功用、性能。

　　1992年夏天，上海各大报纸和许多摄影记者都用上了佳能EOS照相机。从EOS1到EOS1000，都配有各种款式的镜头。拿起相机他们发现，每个上面都贴有一张标签"佳能赞助器材"。记者们使用得相当认真，开始时小心翼翼，后来就随心所欲地拍起来……40天匆匆而过，记者们送还照相机时都恋恋不舍。

　　不久，一些记者通知佳能公司上海事务所，他们打算准备购置一批EOS……佳能公司以欲取先予的策略打开了中国的市场之门。

　　佳能公司非常聪明地先让利给客户，然后获得高额的利润，这一点和星巴克很相似，星巴克通过提供额外的服务和方便，在很大程度上提高了客户的停留时间。

　　星巴克咖啡的核心客户群年龄是25~40岁。经过长期的市场调研，星巴克公司发现这个核心客户群每人每个月平均来星巴克喝18次咖啡。针对这种情况，他们制定了相应的策略目标：一方面是提高客户的上门次数；另一方面想办法让客户每次停留更久，以便吸引他们喝更多的咖啡，提高业绩。

　　考虑到越来越多的年轻客户会带笔记本电脑来喝咖啡，2002年8月，星巴克推出服务策略，在1000家门市提供快速无线上网。客户使用笔记本电脑或PDA，即数码记事本，都可以无线上网、收发电子信件等。

　　所以，推销中如果想吸引客户，必须给客户一定的利，让他们尝到甜头，才有可能买你的商品。

先予人以利，尔后自己得利，这是先付出后得回报的一种智慧。人世间的事情，有了付出就有回报。付出越多得到的回报越大，不愿付出，只想别人给予自己，那么"得到"的源泉终将枯竭。这一道理在推销员中同样适用。

礼物往往是销售的敲门砖

人与人之间的感情，是在一点一滴、日积月累之中逐渐建立起来的。

日本人最懂得赠送小礼物的奥妙，大多数公司都会费尽心机地制作一些小赠品，供销售人员初次拜访客户时赠送客户。小赠品的价值不高，却能发挥很大的效力，不管拿到赠品的客户喜欢与否，相信每个人受到别人尊重时，内心的好感必然会油然而生。若能把这些方法当作立身处事的方式，养成一种自然的习惯，相信走到哪里都会是一位受欢迎的人物。

柴田和子有时拜访一些公司时会顺便买上几盒寿司前去，一进去便说："哇，今天也在加班，真是辛苦了。因为一年只来这么一趟，所以我特地买了这些寿司来，这可不是钱的问题，而是一路捧来的重量问题，各位了解我的心意吧！好了，这个办公室里还没有投保的人，请举手。"

"看在我这寿司的份上，还有我远道努力捧来的这份情面上，总有几位要投保的吧！请帮我找一找。喂，请帮我把寿司搬一下，今天我可不空手而归。最近，我几乎不做个人保险，可是今天例外，我可要努力签几张保单回去。"

无独有偶，柴田和子是位用小礼物俘房客户的高手，原一平则是运用来来往往的策略，让礼物发挥更大的作用。

"您好！我是原一平，前几天打扰了。"

"哈哈，瞧你精神蛮好的，今天可没又忘记什么事了吧！"

"不会的，不过M先生，今天请我吃顿饭吧！"

"哈哈，你真是太天真了，进来吧！"

"既然厚着脸皮来了，很抱歉，我就不客气啦！"

"哈哈！可别在吃饭时又想起忘了什么急事了。"

……

"谢谢您，真是一顿丰盛的晚餐。"

原一平向准客户道谢，告辞回家后，立刻写一封诚恳的致谢函。另外还买一份厚礼，连同信一起寄出去。

或许有人会批评原一平的做法：厚着脸皮硬要准客户请吃饭，这成何体统。可是太拘谨反而不好，"受人点滴，报以涌泉"，如果你吃了准客户一千元，回报他两千元的礼物，不就行了吗！

给客户送礼物，需要注意以下几方面：

（1）送礼讲究的是心意，并不是越贵越好。有的时候不一定用钱买得到的就是最好的礼物，送礼要讲究投其所好，最能解决客户的需求的才是最好的礼物。

（2）在客户的生日时，你送上一份贴心的礼物，即使只是普通的礼物，也要附上最诚挚的贺卡以表心意。最昂贵的礼物，不见得就能取悦于人，而一张游乐园的入场券，只要附上一张小纸条写明"我可没忘记你呢！"就可以收到预期的效果。

（3）信息就是最好的礼物。日本企业流传一句话："向客户提供有用的信息，是业务员送给客户的最好礼品。"一份行业内刊，一本营销杂志，能给客户带来启发和帮助，这就是好礼品。

做销售就是做人的关系，关系需要维系，你发现没有，关系不经常维护，像颜色一样就会慢慢褪去，时常给客户送去些小礼物，一方面满足他被重视的心理，另一方面也满足了人都爱占点小便宜的心理，客户能不喜欢你吗？

第八章

心理暗示，用潜意识拿下客户

戴尔·卡耐基曾经说过："人是不可能被说服的，天下只有一种方法可以让任何人去做任何事，那就是让他自己想去做这件事。"销售人员如果能对客户的心理适当地加以引导，使他们的潜意识接受你的暗示，可使最顽固的顾客也听从你的指示，交易甚至会出乎你所预料的顺利。

因势利导，对客户进行心理暗示

把握准客户思维的有效途径，离不开言语。而言语是讲究技巧的。有的人话不出三句，便把对方得罪了，本来是好心，可对方却忌恨他。

反之，有的人同样用三句话，可以完全地表达自己的意愿，缩短双方之间的距离，使关系逐渐融洽，从而成功地把握对方，达到最后的目的。把握客户的实质是用言语的能动作用，准确击中客户的软肋，让他很高兴地接受你的建议。

我们看这样一个故事：香港推销大王冯两努是怎样说服客户的。

那天，一个叫保罗的准客户，好不容易答应跟我谈一谈。我做了精心准备。我知道，他是一个十分傲慢的人，怎样才能让他感兴趣并进而产生购买欲望呢？

我想了很多种办法。最后一次，我和保罗是在他家进行交谈的。我始终坚持一个信念，一定要用我的言语技巧驾驭他。

"保罗先生，您对什么样的产品感兴趣呢？"寒暄后，我开门见山地问。

保罗回答了他所需要的几种产品。

"在这方面，您还寻找别的什么产品吗？"

"这个嘛，只要它的质量或性能比这几种产品好，我就愿意要。"

"保罗先生，您所需要的这种高质量、高性能的产品，我正好能为您提供。"

就这样，冯两努用逐层深入、缩小问话范围的言语技巧，发现了客户的真正需求，使推销变成了客户自己的需要。

再看下面这个小故事。

一对老夫妇来看一所房子，当业务员把客户领到房间里后，客户看到房间里的地板已经很破旧并变得凹凸不平，但当他们走到阳台上看到院子里有一棵茂盛的樱桃树时，两位老人立刻变得很愉快。

老妇人对业务员说："你这房子太破旧了，你看地板都坏了。"

业务员看到了他们对樱桃树的喜爱，就对客户说："这些我们都可以给你们换成新的，最重要的是院里的这棵樱桃树，一定会使你们的生活更加安详舒适。"说着业务员把老人的目光引到屋外的樱桃树，老人一看到樱桃树马上变得高兴起来。

当他们走到厨房时，两位老人看到厨房的设备很多已经生锈。还没等客户抱怨，业务员就对他们说："这也没有关系，我们会全部换成新的，同时，最重要的是院里的这棵樱桃树，会让你们喜欢这里的。"当业务员提到樱桃树时，客户的眼睛立刻闪出愉悦的光芒。"樱桃树"就是客户买下这所房子的"关键点"。

在这个小故事中，业务员敏锐地发觉在客户的潜意识中对樱桃树的喜爱。他抓住这一点，因势利导，对客户进行种种暗示，给了客户一个购买的理由。没有需求的地方，就没有购买的行为。这个业务员能够及时发现、唤起甚至创造客户内心对于产品的需要，恰到好处地对其进行说服，结果取得了成功。

用你的关怀融化客户的心理坚冰

客户常常感到销售员的推销表演就像在对自己展开进攻，因此，他们经常将自己置于一种严密防守的被动状态当中。

客户在心理上的严密防守其实正反映出了他们期望得到关注的需要。销售人员应该明白，在你向客户施展各种销售技巧的时候，你的目标通常很明确，即说服客户购买你的产品。可是对于客户来说，他们此刻的心理却并非如此"单纯"：一方面，他们希望自己的某些需求被关注并最终得到满足；另一方面，出于种种顾虑和猜疑，他们又对销售员的销售活动躲躲闪闪。一名的销售高手会理解客户的这一需求，因此他们会力求在每一次的客户沟通过程中都主动给予客户足够的关注。

在一个多雨的午后，一位老妇人走进费城一家百货公司，大多数的柜员都对她不理不睬。但有一位年轻人却过来问她是否需要一些帮助。当她回答说只是在等雨停时，这位年轻人并没有向她推销什么东西。不过这位销售人员也并没有立刻转身离去，而是拿给她一张椅子。

雨停之后，这位老妇人向这位年轻人说了声谢谢，并向他要了一张名片，几个月之后这家店东收到一封信，信中要求派这位年轻人往苏格兰收取装潢一整座城堡的订单！这封信就是这位老妇人写的，而她正是美国钢铁大王卡内基的母亲。

当这位年轻人收拾行李准备去苏格兰时，他已升格为这家百货公司的合伙人了。这个例子是报酬增加律的最佳写照，而报酬增加的原因，就在于他比别人付出了更多的关心。

关注客户的需求，让客户觉得自己很重要，才能赢得客户的认同，销售员应该注意以下几点：

（1）客户可能表现得冷漠、逃避，销售员完全可以用自己的热情和关怀缓解客户的对立情绪。

（2）销售员与潜在客户进行第一次沟通的时候，就应该着手建立一种彼此和睦相处的友善关系，并且在今后的各个沟通阶段逐渐加深这种关系。

（3）尊重客户，任何时候都不要伤害他们的自尊心。

（4）如果客户遇到难题时，你能够诚心诚意地帮其分析问题并有效解决问题。只有这样，客户之前对销售员的误解和疑虑才能消除，接下来的沟通自然会顺畅得多。

优秀的销售员不是只会单方面向客户推销产品，而是站在客户的立场帮助客户购买产品。你的言行举止都向客户传达着这样一种信息：你是在为客户谋利益，而不是一心想要掏空客户的钱袋。销售员在准备拜访目标客户的时候，一定要随身携带"关怀"这个武器，控制客户的情绪、化解客户的抵触，从而愉快地达成交易！

能否给客户充分的关注，让客户觉得自己很重要，这才是决定销售能否成功的重要因素。

抽丝剥茧，消除客户的疑虑

当客户需要掏出兜里的钱去购买一件商品或服务时，都会产生顾虑，因为兜里的钱毕竟来之不易，花了就没有了。通常客户都有哪些顾虑呢？

产品或服务能像你说的一样有作用吗？你能否按承诺的一样把货送到吗？说定的价格是不是最合适？自己做出的购

买决定正确吗？

当客户准备购买你的产品或服务时，所有的顾虑都会潜入他们的脑海。一涉及时间和钱的问题，这些顾虑就会自然而然地产生。

往往进入销售行业不久的人容易把客户的犹豫看作是对自己的拒绝，但是历经沙场的销售人员却知道客户犹豫的理由。客户犹豫的理由就是他们想购买产品，犹豫只是想把销售过程变慢，以了解尽可能多的信息。在这种情况下，客户的反对就是向你表示你应该降低标准重新报价。当一个潜在客户表现出犹豫时，你就应该明白他需要了解更多的信息。

如果你一遇到客户有反对意见就变得紧张和害怕、灰心丧气，你是不可能完成销售任务的。如果你想压制住客户，不让他把意见说出来，那他就会对你产生反感，只要他对你产生反感，你的任何说教都将变成徒劳，他会立即打开门让你走人。

你剥过笋吗？

一层包裹着一层，然后你再一层一层地把它剥开。

征服客户，就如同剥笋。不把疑虑除去你就很难征服客户的心。

但消除别人的疑虑并不是一件容易的事，需要一点一点地层层递进、穷追不舍，把道理讲明白、讲透彻，这就是层层剥笋的方法。列宁在说服哈默在苏联投资办企业时，就运用了这一方法。

哈默是美国著名的企业家，在22岁的时候，他就成了拥有大规模企业的百万富翁。1921年，他听说苏联实行新经济政策，鼓励吸收外资，就打算去苏联做生意。他想，在苏联，目前最需要解决的问题是消灭饥荒，得到粮食。而这时美国粮食正值大丰收，1美元可以买35.24升粮食，农民宁可把粮食烧掉，也不愿以这样低的价格送往市场出售。而苏联有的是美国需要的毛皮、白金、绿宝石，如果促成双方交换，岂不是很好吗？哈默打定了主意，来到了苏联。

哈默到达苏联的第二天早晨，就被召到列宁的办公室，列宁和他进行了亲切的交谈。粮食问题谈完之后，列宁对哈默说，希望他能在苏联投资，经营企业。哈默听了，默默不语，为什么呢？因为西方对苏联实行新经济政策抱有很深的偏见，搞了许多怀有恶意的宣传，使许多人把苏维埃政权看成是可怕的怪物。到苏联经商、投资办企业，被称作是"到月球上去探险"。

明察秋毫的列宁看透了哈默的心事，他讲了实行新经济政策的目的，告诉哈默："新经济政策要求重新发展我们的经济潜能。我们希望建立一种给外国人以工商业承租权的制度来加速我们的经济发展。"经过一番交谈，哈默弄清了苏维埃政权的性质和苏联吸引外资的平等互利原则，很想大干一番。但哈默还是不能下定决心，为什么？因为哈默曾经听说苏维埃的政府机构人浮于事、手续繁多，尤其是机关人员办事拖拉的作风让人吃不消。当列宁听出哈默的担心时，立即又安慰道："官僚主义，这是我们最大的祸害之一。我打算成立一个特别委员会，全权处理这件事，他们会向你提供你所需要的帮助。"

除此之外，哈默又担心在苏联投资办企业，苏联会只顾发展自己的经济潜能，而不注意保证外商的利益，以致外商在苏联的企业得不到什么实惠。列宁马上又把话说得一清二楚："我们明白，我们必须确定一些承租条件，保证承租人有利可图。商人不都是慈善家，除非觉得有钱可赚，不然只有傻瓜才会在苏联投资。"列宁对哈默的一连串疑问，像剥笋一样逐个加以澄清，并且斩钉截铁、干脆利落，把政策交代得明明白白，使哈默心里有了底。没过多久，哈默就成了第一个在苏联租办企业的美国人。

在销售过程中，迅速而有效地消除顾客的疑虑，对销售员来说是十分必要的。因为聪明的销售员都知道，如果不能从根本上消除客户的顾虑心理，交易是很难达成的。

人的思想是复杂的，对某一事物不理解、想不通，往往就会疑虑重重，这就需要你据情释疑，把道理说透，就能够消除客户的顾虑，使销售顺利地进行。

攻心无形，让客户说服自己购买

我们在接触客户的时候常发现客户在忙着其他的事情。

在这个时候，如果我们不能在最短的时间内，用最有效的方法来突破这些抗拒，让他们将所有的注意力转移到我们身上，那我们所做的任何事情都是无效的。

美国有一个销售安全玻璃的业务员，他的业绩一直都保持北美整个区域的第一名。在一次顶尖业务员的颁奖大会上，主持人说："你有什么独特的方法来让业绩保持顶尖呢？"

他说："每当我去拜访一个客户的时候，我的皮箱里面总是放了许多截成15公分见方的安全玻璃。我随身也带着一个铁锤子。每当我到客户那里后我会问他你相不相信安全玻璃？当客户说不相信的时候，我就把玻璃放在他们面前，拿锤子往桌上一敲。每每这时候，许多客户都会因此而吓一跳，同时他们会发现玻璃真的没有碎裂开来。然后客户就会说天啊，真不敢相信。这时候我问他们您想买多少？直接进行缔结成交的步骤，而整个过程花费的时间还不到1分钟。"

他讲完这个故事不久，几乎所有销售安全玻璃公司的业务员出去拜访客户的时候，都会随身携带安全玻璃样品以及一个小锤子。

但经过一段时间后，他们发现这个业务员的业绩仍然保持第一名，他们觉得很奇怪。在另一个颁奖大会上，主持人又问他："我们现在已经做了同你一样的事情了，那么为什么你的业绩仍然能保持第一呢？"

他笑一笑说："我的秘诀很简单，我早就知道当我上次说完这个点子之后，你们会很快地模仿，所以自那次以后我到客户那里，唯一所做的事情是我把玻璃放在他们的桌上，问他们您相信安全玻璃吗？当他们说不相信的时候，我把玻璃放到他们的面前，把锤子交给他们，让他们自己来砸这块玻璃。"

这确实又是另外一种销售境界——与其业务员来证明产品是最好的，不如让客户自己说服自己购买。

一开始就引导客户说"是"

在推销过程中，若能一开始就让客户说"是的"，这说明这件事已经成功了一半，你若能让对方连续说"是的，是这样"，那么这件事的成功就有99%的把握。在你与客户沟通时，你有没有让对方不断地说"是的，是这样"？你有没有不断地让对方点头表示对你的赞同？

如果没有的话，你就必须从现在开始改变你的谈话策略，设法让对方说"是"。实践表明，在谈判中"不"的出现是最不好的开始，一旦对方说出一个"不"字，这意味着你的观点未被认可，如果对方连续说出几个"不"字的话，你最好趁早结束你的谈话，因为你的谈话并没有得到对方的喜欢。所以，如果你想改变结局，最好的办法就是改变话题，或者改变谈话的策略。先强调对方和你都赞同的部分话题，然后慢慢地在双方有分歧的部分中，找出双方都可以接受的部分，如此往复，你就能缩短彼此的差距。接着，你还可以与对方商讨成功是最重要的，只有双方达成合作，才能使双方在合作中获利，达到双赢，这样你将最终获得谈判的成功。

记住，这就是谈话的技巧，如果你遇上比较难对付的客户，而一时半会又想不出好策略的时候，你最好马上试试，没有比这个方法更实用的了。

为什么有些人很快就与对方达成合作？而你的谈判总是说得多多，成交的却少之又少？你千方百计地向对方解释你的观点，你的产品怎样怎样好，你甚至滔滔不绝地使尽口才，可总是不尽如人意？其根本原因就是因为你没有让对方说"是的，是这样"。

"是的，是这样"，有许多销售人员没有做到这一点，没有让对方说这句话。他们总是顺着自己的思路强调自己的观点，总以为自己应该说得越多越好，总是口若悬河，滔滔不绝地证明自己的口才。其实他们这样做并不一定能说服对方。事实上，在你与他人的交流中，你要想方设法让对方说"是"，因为，你们的交流决定着对方对你的反应，以及对方是否决定与你合作。"是"的回答意味着对方对你的看法的许可和赞同，意味着同意你的见解或观点，意味着可以与你合作。

让对方说"是"，是一种说话的艺术，如果你学会了这种艺术，你将终身获益。

使用让对方说"是"的方法，有几点要特别引起我们注意。

（1）一定要创造出对方说"是"的气氛，要千方百计避免对方说"不"的气氛。因此，提出的问题应精心考虑，不可信口开河。

（2）要使对方回答"是"，提问题的方式是非常重要的。什么样的发问方式比较容易得到肯定的回答呢？最好的方式应是：暗示你所想要得到的答案。

在推销商品时，不应问客户喜不喜欢，想不想买。因为你问他"你想不想买""喜不喜欢"时，他可能回答"不"。因此，应该问："你一定很喜欢，是吧？"当你发问而对方还没有回答之前，自己也要先点头，你一边问一边点头，可诱使对方做出肯定回答。

让对方说"是"最有效的方法是把要说的话说对。戴尔·卡耐基曾经说过，人是不可能被说服的，天下只有一种方法可以让任何人去做任何事，那就是让他自己想去做这件事。而让他自己想去做这件事，唯一的方法是让他认为你说的是对的，认为他是在遵循对的东西才这样做。

让对方说"是"意味着双方的交流是"启示式"或"询问式"的，事实上"启示式"或"询问式"的交流比普通的交流更有效。因为大多数人对事物的认知都是有限的，尽管他们认为自己并不比别人差，但他们确实需要更多的启示。

假设已经成交，将生米煮成熟饭

假定促成交易的方法是指零售店人员在假定客户已经接受了商品价格及其他相关条件，同意购买的基础上，通过提出一些具体的成交问题，直接要求客户购买商品的一种方法。例如："您看，假设用了这套设备以后，你们省了很多电，而且成本有所降低，效率也提高了，不是很好吗？"假定成交的主要优点是可以节省时间，提高销售效率，适当减轻客户的成交压力。

下面请看一个优秀的服装售货员成功销售服装的例子。

当一个顾客在试穿西服看是否合身时，这位售货员没有问："你是否要买？"而是领着顾客到镜子跟前让他自己看。"你瞧，这衣服你穿上多合身。"售货员边说还边扯扯顾客的衣角，紧接着又说："我们现在去量尺寸吧。"

售货员喊来他的裁缝——仍没有忘记扯着顾客的衣角——问道："您瞧，他穿着如何？"

"很好，我现在就为您裁。"裁缝说着，量着尺寸，拿起笔在衣服上画起来。

"腰部合身吗？"售货员问道。

"是的，这样很好。"顾客答道。

"先生，裤子就这么长您看如何？"售货员又问。

"啊，当然。"顾客回答道。

"先生，您喜欢有反褶的裤脚吗？"售货员问。

"不喜欢。"顾客答。

"这套衣服做好需要多长时间？"售货员问裁缝。

"星期四就可以来取了。"裁缝直接告诉顾客。

"这身衣服看起来很适合您。"售货员最后又说了一遍，并赞许地点点头。

"随我到领带室来，我为您选一条配套的领带。"他说着，挽起顾客的胳膊，走进领带室。

在上面的例子里，售货员一次又一次巧妙地采取了假设成交的方法。从假设顾客要照镜子到顾客要量尺寸，又到要定做衣服的时候至最后要配领带，无一不是售货员假设的结果。

顾客没有说出"不"字，也就暗示同意了。售货员知道此时这笔生意已十拿九稳了。

售货员在确认这桩生意能成交之前一直没有停止采用假设的方法，到顾客走出商店的时候，他还未停止推销："请下次来时一定再找我。"这里，他又一次地假设顾客会再来。

事实上，因为售货员从始至终都在虚构"你要这件产品"的结果，那么，这种虚构的结果如何呢？结果是：顾客果然要了这件商品。这属于一种心理定式。

作为一个优秀的推销员，如果在假设顾客愿意购买的前提下，进行推销，这种态度对于顾客做出购买决定有着积极的影响。

例如，某石油公司培训了一批推销员，他们走近用户时总是这么问："我给您装满××牌汽油好吗？"这里，推销员"假设"两件事：首先是顾客需要的是满箱的汽油；其次，顾客需要的是本地区销售最贵的那种汽油。倘若推销员只是问用户："您需要哪种汽油？需要多少？"不难想象，这样的结果可能是你只能售出5美元的普通汽油。

只要你稍作观察，你就会发现，像航空公司、出租车公司和酒店业在回答顾客询问预订机票、车票和房间时，常常提出这样的问题："您希望把这些费用记在您的签证信用卡上，还是万事达信用卡呢？"这种索要信用卡的方式就是表示成交在望了。当然，假设成交的方法应该在能让顾客接受的前提下去完成。

在运用假定成交法时，零售店的销售人员常常避开促成成交的主要问题，从一些枝节问题或后续问题入手。例如向客户提出含蓄的问题，提这类问题也是基于已假定客户基本上做出了购买决定，但尚未明确表示出来。这时可以问："您什么时候需要这种商品？"或"您需要多少？"这些都是促使客户做出购买决定的恰当提问。

制造紧迫感，不断施加压力

在推销中，有一些交易似乎是无法完成的，但通过制造出紧迫感来往往达到出人意料的效果，顺利达成。

玛丽·柯蒂奇是美国21世纪米尔第一公司的房产经纪人。1993年，玛丽的销售额是2000万美元，在全美国排名第四。

玛丽·柯蒂奇曾经创造了在30分钟之内卖出价值55万美元的房子的销售业绩。

玛丽的公司在佛罗里达州海滨，这里位于美国的最南部，每年的冬天，都有许多北方人来这里度假。

1993年12月13日，玛丽正在一处新转到她名下的房屋里参观。当时，他们公司有几个业务员与她在一起，参观完这间房屋之后，他们还将去参观别的房子。

就在他们在房屋里进进出出的时候，他们看见一对夫妇也在参观房子。这时，房主对玛丽说："玛丽，你看他们，去和他们聊聊。"

"他们是谁？"

"我也不知道。起初我还以为他们是你们公司的人呢，因为你们进来的时候，他们也跟着进来了。后来我才看出，他们并不是。"

"好。"说完，玛丽走到那一对夫妇面前，露出微笑，伸出手说："嗨，我是玛丽·柯蒂奇。"

"我是邓恩，这是我太太贰丽莎。"那名男子回答，"我们在海边散步，看见有房子参观，就进来看看。我们不知道……"

"非常欢迎。"玛丽说，"我是这房子的经纪人。"

"我们的车子就放在门口。我们从西弗吉尼亚来度假。过一会我们就要回家去了。"

"没关系，你们一样可以参观这房子。"玛丽说着，顺手把一份资料递给邓恩。

忒丽莎看着大海，对玛丽说："这儿真美，这儿真好。"

玛丽正要掏出自己的名片给邓恩时，忽然停下了手。"听着，我有一个好主意，我们为什么不到我的办公室谈谈呢？非常近，只要几分钟就到。你们出门往右，过第一个红绿灯，左转……"

在办公室，邓恩开始提出一系列的问题。

"这间房子上市有多久？"

"在别的经纪人名下6个月，但今天刚刚转到我的名下。房主现在降价求售。我想应该很快就会成交。"玛丽回答。她看了看忒丽莎，然后盯着邓恩说："很快就会成交。"

这时候，忒丽莎说："我们喜欢海边的房子。这样，我们就经常能到海边散步。"

"所以，你们早就想要一个海边的家了？"

"嗯，邓恩是股票经纪，他的工作非常辛苦。我希望他能够多多休息，这就是我们每年都来佛罗里达的原因。"

"如果你们在这里有一间自己的好房子，你们就会更经常来这里，并且还会更舒服一些。我认为，这样一来，不但你们将会多欣赏几年美景，你们的生活质量也将大大提高。"

"我完全同意。"

说完这话，邓恩沉默了，他陷入了思考。玛丽也不说话，他等着邓恩开口。

"房主是否坚持他的要价？"

"这房子会很快就卖掉的。"

"你为什么这么肯定？"

"因为这所房子能够眺望海景，并且，它刚刚降价。"

"可是，市场上的房子很多。"

"是很多。我相信你也看了很多。我想你也注意到了，这所房子是很少的拥有自己的车库的房子之一。你只要把车开进车库，就等于是回到了家。你只要上楼梯，就可以喝上热腾腾的咖啡。并且，这所房子离几个很好的餐馆很近，走路几分钟就到，但这里又很安静。"

邓恩考虑了一会儿，拿了一支铅笔，在一张纸上写了一个数字，递给玛丽说："这是我愿意支付的价钱，一分钱都不能再多了。他不用担心贷款的问题，我可以付现金。如果房主愿意接受，我感到很高兴。"

玛丽一看，只比房主的要价少1万美元。

玛丽说："我需要你的1万美元作为定金。"

"没问题。我马上给你写一张支票。"

"请你在这里签名。"玛丽把合同递给邓恩。

整个交易的完成，从玛丽见到这对夫妇，到签好合约，时间只有半个小时多一点！

实际上，固然这一对夫妇很满意这所房子，但他们并没有当时就购买的意思。如果玛丽仅仅是把自己的名片交给他们，99%的可能是这桩交易会泡汤。玛丽必须利用这对夫妇在现场的有限时间，迅速完成交易。

那么，究竟怎么才能完成交易呢？怎样才能促使客户迅速做出决定呢？

玛丽采取了制造紧张气氛的方法：要赶快买，否则就没有了。这是一种抢购情绪。想一想，你肯定也参加过抢购，你当时是怎样的一种心情呢？如果你能调动自己的客户，使他也产生这样的心情，就不怕他不与你签约。

巧妙地向顾客施加压力，是促成生意成功的一个重要技巧。使用推销施压，关键是推销人员应该审时度势，努力做到让顾客从你身上看到一种信心，并感到安慰。这种技巧的掌握，是与销售人员的反应灵敏度有很大关系的，销售人员只有在实践中不能练习才能不断提高自己的技巧。

最后通牒，让客户无回旋余地

最后通牒法是以"这已是最后的出价"或者"这是最低

的价钱"的说法来给对方施加压力，以使对方接受你的价格的一种报价技巧。

"这已是最后的出价"听起来似乎已没有任何回转的余地了，其实不然，你可以婉转地表达下述意思使他听起来像是最后的决定，但在必要时，又能允许你有风度地让步。其中的操作要诀便是要找出使这句话能说得模棱两可的办法。

举个例子来说明：

假设你是一个买主，想告诉卖主说："这张支票是我对于房子和家具最后的出价，我给你四天的期限，倘若你还是不能接受，便可以把支票撕了，然后再通知我一声。"

买方可根据自己的情况采用不同的谈话语气表达自己的企图和许诺：

这是我对房子最后的出价了。即使包括了室内的设施和院子，我也只能出这么多了。

我给你四天的期限，倘若你还是不能接受我的出价，打电话给我。

我给你四天的期限，倘若你还是不能接受我的出价，我再和你联络。

如果四天之内你不通知我，这笔交易就告吹了。

如果四天以内你仍不接受我的出价，我将要购买另一栋房子。

如果四天以内你仍不接受我的出价，我们仍然是朋友。

如果四天之内你仍不能接受我的出价，撕掉支票，祝你好运，把这件事忘了吧！

支票将在四天后失效，所以你有充足的时间考虑。

上述每句话都是在企图表达某种许诺，同时也为自己留下了回旋的余地，关键在于把握好分寸感，出言得当。

"最后出价"能够帮助也能够损害你讨价还价的力量。假如一个人所说的话不被人采纳相信，谈判的气势也就被削弱了。遣词用句和伺机而行对于这个策略的成功与否至关重要。

如果有人向你表示"最后出价"，不要轻易相信，以下建议会给你帮助：

仔细倾听他所说的每一句话。他可能正在闪烁其词。

假如能达到你的目的，必要时，佯怒含嗔也是可行之法。

让他知道，如此一来就做不成交易了。

考虑是否要摆出谈判的样子，来试探对方的真意。

假如你认为对方将要采取"最后出价"策略时，不妨出些难题，先发制人。

这是谈判时经常使用的一种战略。在某些情况下，"接受这个价格，否则就算了"还是蛮管用的。当不想与对方继续交易时，避免由于对某个客户减价，而导致对所有的客户减价；当对方无法负担失去这项交易后的损失时；当所有的客户都已习惯于付出这个价钱时；当已经将价格降得无法再降的时候，销售员不妨使用最后通牒法，说"接受这个价格，否则就算了"。

有些摩托车手常为了考验或表现自己的勇气，高速且笔直地冲向其他车辆，结果总会有人闪开以避免碰撞。谈判时也有相同的情形，当对方下了最后通牒的时候，就得面对对方的"最后出价"了，这将使自己处于进退两难的境地。不过，幸运的是，商谈里总会有一条折中之路可行，可以装作没有听到，继续说自己的，等待对方首先提出折中的办法。

第九章

心理博弈，在与客户攻防中成交

俗话说：兵无常势，水无常形。人人都想在销售这场残酷的战争中赢得滚滚财源，但是并非每个人都能真正懂得商战谋略、掌握心理博弈术。很多时候，销售员不仅没有"杀"到客户，反而还被客户"杀"掉了你们之间的商业合作。

先签小订单，再拿大订单

在销售过程中，销售人员促成客户签单有一种技巧叫作避重就轻成交法，也叫作小点成交法。

避重就轻成交法就是围绕主要焦点，在周边问题上与客户取得一致的意见，或者在核心交易的谈判陷入僵局时，在次要的交易上与顾客达成协议，达到循序渐进地影响和引导客户最终完成交易的目的。一般而言，在销售过程中遇到了阻力或者困难时，销售人员采用这种方法可以逐步突破阻力或者困难，促使客户下定决心签单。

某办公用品销售人员到某公司的办公室去推销碎纸机。

该办公室主任在听完产品介绍后，摆弄着样机，自言自语地说："东西倒是挺合适，只是办公室这些年轻人毛手毛脚的，只怕没用两天就坏了。"

销售人员一听，马上接着说："这样好了，明天我把货运来的时候，顺便把碎纸机的使用方法和注意事项给大家讲讲。这是我的名片。如果使用中出现故障，请随时与我联系，我们负责维修。主任，如果没有其他问题，我们就这么定了？"

办公室主任听了这话，觉得有道理，便与销售人员签订了订单，让销售人员尽快把产品送到公司来。

在该事例中，销售人员巧妙地使用了避重就轻的交易技巧。本来客户方最担心的是购买该产品后"这些年轻人毛手毛脚的，只怕没用两天就坏了"，销售人员却巧妙地回避了这一点，把话题的重点转移到了"把碎纸机的使用方法和注意事项给大家讲讲，如果使用中出现故障，请随时与我联系，我们负责维修"。就这样，销售人员不知不觉地消除了客户的顾虑，促使客户下决心购买了产品。

在销售过程中，一些有促成订单经验的销售人员，在核心交易额太大或者买卖双方意见分歧较大时，往往就从配件、小批量交易或者交易的较次要因素，如款式、付款方式、维修等方面与客户达成一致。一旦客户与销售人员达成了一致意见，就往往容易做出签单购买的决定。

在促成订单的诸多技巧中，避重就轻成交法是一种有效地突破销售障碍，排除销售过程中一切不利因素，最终获得订单的技巧。在销售过程中，遇到许多销售"死结"时，只要巧妙地使用这种技巧，就可以出现柳暗花明的局面。

当然，对于销售人员来说，要想运用好此技巧促成订单，还需要了解避重就轻成交法的适用情境。

一般而言，在以下几种情境中比较适合采用避重就轻成交法促成订单：

（1）当交易的数量或者数额较大时。在销售过程中，交易数额越大，客户越容易形成交易心理障碍。此时，销售人员采用此种技巧，往往可以帮助客户减轻心理压力，促使他们下决心签单成交。

（2）当买卖双方的意见分歧较大或者在对主要交易要素存在不同的看法时。此时，销售人员采用此技巧，可以避免出现争论，为成交创造良好的氛围。

（3）当交易过程复杂时。比如，涉及的人员和部门较多，或者交易的时间长，可以先从小的方面达成一致，然后再争取达成大的协议。面对这样的交易，销售人员不要企图一步到位，而是需要一点一点地向成交靠拢。在这样的情境下，销售人员采取避重就轻成交法促成订单，往往能够使复杂的交易过程逐渐变得简单化。

（4）当客户无法立即就所有的交易要素做出决定时。销售人员采取避重就轻法，往往能够促使客户下决心签单购买。

（5）当大宗或者核心交易完成的希望渺茫时，销售人员采用此法，不至于使交易完全落空，至少可以获得一小笔订单。

（6）当交易的要素很多时，如大型设备、大宗货物，对货品、型号、款式、价格、批量、交货、付款、售后服务、技术支持、配件和动力、维修等各个交易要素均要达成一致，往往比较困难，此时采用避重就轻成交法，逐步做好基础工作和必要的铺垫，往往能使签单水到渠成。

在销售过程中，销售人员应对避重就轻这一技巧加以深刻领会，并熟练掌握和运用，以期为自己争取到更多的订单。

反客为主，牵着客户的鼻子走

在销售过程中，当客户问到某种产品，不巧正好没货时，要想争取到客户的订单，销售人员最好采用反客为主的方法，以此来促成订单。

某公司销售人员在推销冰箱时，遇到一个客户表示需要冰箱，但是对冰箱的颜色提出了严格的要求。客户说："你们有银白色电冰箱吗？"此时，销售人员马上意识到自己所销售的冰箱中并没有这一款。但他没有直接回答，因为一旦他直接回答没有，客户就会说，没有就不买。

销售人员想了想，就反问客户说："抱歉！我们没有生产这种颜色的冰箱。不过，我们销售的冰箱有好多种可以供您挑选，有白色的、有棕色的、有粉红色的。在这几种颜色里，您比较喜欢哪一种呢？"

客户说："我想要银白色的！"

销售人员说："白色的、棕色的、粉红色的，都很不错的。您选一种试试看，您就会发现它们真的很不错。"

客户说："我想要银白色的。选其他颜色有什么用呢？"

销售人员说："当然有用。不信您选选试一试。选一选，试一试，您就会体味到这些颜色的冰箱有不少是适合您的需求的。"

于是，客户就不再推托，跟着销售人员去挑选冰箱。在挑选冰箱的过程中，销售人员逐一向客户介绍了白色的冰箱、棕色的冰箱、粉红色的冰箱，并给客户讲了配合什么样的家具更显得协调合适。

在看冰箱的过程中，客户逐渐对白色冰箱产生了兴趣。销售人员趁机说服客户购买白色的冰箱，并向客户介绍冷暖色的一些简单知识，告诉他，对于冰箱来说，白色是非常合适的。因为白色是冷色，给人以清凉的感觉，使用这样的冰箱，往往容易给人一个好心情。客户听了后，觉得也挺有道理，便让销售人员帮他选择了一款白色冰箱。

就这样，销售人员以反问式的回答，促成客户签下了一单。

上述事例中，客户有相关需求，却没有他中意的款式和颜色。此时，要想争取客户的订单，销售人员很容易遭到拒绝。但是，该销售人员没有直接回答客户的问题，而是采用反客为主的回答，慢慢引开了客户的注意力，最终引导客户购买了产品，把看起来不可能的订单给争取过来了。

一般而言，销售人员在利用反客为主这种成交技巧促成订单时，需要注意以下几点：

第一，态度要真诚。

反客为主成交法实际上否定客户的意见，让客户"改变主意"转而听从销售人员的意见。此时，销售人员必须要真诚，让客户感觉到要求他改变意见是真正为他着想，而不是为了否定他，不是为了向他推销产品。否则，顾客是上帝，销售人员否定了"上帝"，要想获得订单就不可能了。

第二，要尊重客户的意见，与之耐心交流。

前面说过，这种成交法实际上要求客户"改变主意"，把不可能的成交便成可能。在要求客户"改变主意"时，销售人员一定要注意尊重客户的意见，与客户交流，耐心说服，不能强行要求客户。否则，不仅无法达到成交的目的，还有可能给销售人员及其公司带来负面影响。

反客为主成交法是销售人员在无法满足客户要求的情况下，通过适当巧妙的反问，引导客户改变主意，最终促使客户下决心签单购买产品的一种技巧。在销售过程中，销售人员如果能够灵活运用，则可能争取到一些看起来不可能的订单。因此，要想获得更多订单，销售人员了解和掌握这一种技巧，是大有裨益的。

适当让步，与客户进行条件博弈

令客户满足的能力是权利的来源。每个让步都能给客户某些好处，相对地，每个让步都要花掉某些成本。人所需要的满足并不像表面上那么简单，在还没有让步以前，要先想想该如何做，要满足对方哪一方面的需要。以下便是在让步时可以做的选择：

1.时间的选择

让步的时间可以提前或者延后，以满足客户的要求。选择的要诀在于让客户没有犹豫不决的余地，能够马上就接受。

2.好处的选择

让步可以同时给予某个部门、某个第三者或者谈判者本人某些好处。

3.人的选择

让步的内容可以使客户满足或者增加客户满足的程度。人可以从讨论的问题、与问题有关的事情，或不相关的其他人那里得到满足或增加满足的程度。

在销售过程中，特别是客户讨价还价的时候，我们要有良好的应变能力，要知道客户的需求是多方面的，他们的满足点也是多方面的。作为一个优秀的销售人员，应当善于规避主要问题，在次要问题上做一些让步，让客户感到满足，从而达成交易。

销售员李振，是西安家电城的销售人员。有一次，一位客户看中了一套音响，却一直坚持自己提出的价格，坚决不让步。李振看出来对方绝对有购买的欲望和冲动，之所以没有产生购买行动，只是希望在价格上享受一定的优惠。可是，这套音响的价钱已经够低的了，再往下降，就会做赔本买卖。可是要想达成交易，便必须给予对方的一定满足，最好是让对方感到受到了不同的待遇和享受到了优惠！怎么办呢？

"如果，你价钱再往下降一点，我还会购买其他的东西，至少我还要几个稍微好一点的话筒！"对方在这个时候主动说道。

李振听了心中窃喜，已经知道了应该怎样去有效地解决这个问题。他顺着对方的话语，装作有些为难的样子说道："先生，真的不好意思！你所看中的那套音响的价钱已经再难以往下降，你不是还要买话筒吗？"对方说："是的。""如果变换一下方式，我在话筒方面多给你一些优惠，你觉得这样好不好呢？"最终，客户满意地带着音响和话筒离开了。

由此可以看得出来，在让步的时候，巧妙地避开主要的问题，在不损害自己利益的前提下，在次要的问题上做出让步，能够达到很好的效果。

欲擒故纵，让客户急于和你成交

做销售的能够做到客户依赖你，那就是一种成功。

当走在沙漠里的时候，如果水用完了，太阳非常的毒辣，你就快变成烤肉干了。这个时候有人过来卖水，哪怕矿泉水是一千元一瓶，你也会花钱买下，因为那不仅仅是一瓶水，而且是救命的东西，它的价值远远超过一千元一瓶。

同样，销售员在销售过程中，仅仅让客户发现问题是不够的，还要告诉他如果这个问题不解决，会导致什么样的后果，招致多大的损失，而且必需得到客户的认同，就是要努力给客户制造痛苦，痛苦感越强，产品在客户眼里的价值就越高。人们总是先消除痛苦，其次才是追求快乐。产品销售的好坏，完全取决于客户感觉到的痛苦程度。

美国有一家公司专门经销煤油和煤油炉。公司创立伊始，大肆刊登广告，极力宣传煤油炉的诸多好处，但收效甚微，其产品几乎无人问津，货物大量积压，公司濒临绝境。

有一天，老板突然灵机一动，让手下职员登门向住户无偿赠送煤油炉。职员们大惑不解，还以为老板愁疯了呢，但看着老板那踌躇满志的神情，只得依令而行。

住户们真是大喜过望，一个个竞相给公司打电话，索要煤油炉。不久，公司的煤油炉就被一送而空。

当时，炉具还没有现代化，人们生火做饭只能用木柴和煤。这时，煤油炉的优越性明显地体现出来了，家庭主妇们简直一天也离不开它了。

很快，他们便发现煤油烧完了，这回只能自己到市场上去买，公司可绝不赠送。当时煤油价格不低，但已离不开煤油炉的人们也只得自掏腰包了。

再后来，煤油炉也渐渐用旧用坏了，于是顾客只好买新的。这个公司也奇迹般地起死回生了。

这就是营销学中著名的"毒品法则"，当你把商品做成了人人都离不开的"毒品"，那还愁卖不出去吗？有时候，为了吸引客户，打开销路，你不妨暂时做做"亏本"的生意。在把握商机之后，欲擒故纵，先是给予，等他们认可你的产品、习惯你的产品之后，客户们就会主动找上门来。利润自然随后也就源源而来。但是要保证的一点，就是你的产品有持续升级的价值，或者是物超所值的使用效果。否则，"毒品"发展难以实现。

借助"第三者"的力量游说顾客

为了刺激客户采取购买行动，有时候你说100句也顶不上你引用一次第三者对你商品的评价。

谈到你要出租的一块土地，你可能对你的客户说："前不久一个客户也来此地看过，他觉得非常满意，想在此地盖栋别墅，可惜后来，他因资金周转不灵而无法购买，我也为他感到遗憾。"

这种方法效果非常好，但是如果你是说谎又被识破的话，那可是非常难堪的，所以应该尽量引用事实来推销。

巧妙地引用他人的话，特别是买商品的第三者的话，向你的客户说出他人对你的商品评价，有时会收到意想不到的效果。

这一技巧的妙处在于，一般的客户对于销售人员的印象总是不那么好，对于推销这种售卖方式也持怀疑的态度。但是如果你非常成功地引用了第三者的评价来游说客户，那么客户一定会有一种安全感，他本人也会消除对你的戒心，相信你给他做的商品介绍，因此他便认为购买你的商品要放心得多了。

假如你为一家公司推销一种新式化妆品，而这家公司已经在电视上做过广告，那么你的推销一定应从广告（电视台也是一种第三者）开始。

如果你知道某位"知名人物"曾盛赞或使用了你正在推销的商品，那么你的推销会变得比原先容易得多，因为电影明星、体育明星等"知名人物"一定会比你更容易得到信赖，说服力也就当然比你强得多。

但这样的好事，未必就落在你所推销的商品上，那也不要紧，你如果能打听到你的客户的周围有一个值得信赖的人，曾经说过你的商品的好话，你就应该不失时机地加以应用。甚至你可以先向他推销你的商品，只要你很聪明，无论成与不成，你都能从他的口中获得对你的商品的赞美之辞，这会成为你在他的影响力所及的范围内进行推销的通行证。

当然，假如你引用一个客户并不了解也不认识的人的话，也不一定就没有效果。只要这话的确有理，那么他仍然会觉得言之有理而加以考虑。如果你去推销圆珠笔，你可以对客户说："我的一个朋友每半年总要买上七八支圆珠笔，在他经常工作的地方，每处放上一两支，他说这样很方便，因为那样就不会出现急需要用时还得满处去找笔的情况了。随手拿来就用当然再方便不过，而且七八支笔使用平均，半年都不用换新的，所以比一次买一支要划算得多。"

你的客户听了这段话一定会觉得言之有理，他便很可能从此改变了他的购买方式，一下子从你这里买去许多支圆珠笔，从而使你的推销额成倍地增加。

当你敲开一家客户的大门时，你应该对出来开门的女主人说："这就是电视里天天出现的那种最新样式的化妆品，您一看就会认出来的。"然后你立刻将样品递过去，她便不会怀疑你了。

如果你认为她并不是一个喜欢标新立异的人，你就可以接着告诉她："我刚才已经推销了几十瓶，大家都是看了电视里的广告介绍才购买的，而且它也的确不错。"这样，她购买的可能性就更大了，因为你一直都在"请"电视和其他的购买者来为你说话，她"自然"不会产生什么怀疑，相反会感到安全而乐于购买你的商品。

某些人对新产品特别有兴趣，一旦新产品问世，会赶快抢先买来，显示给朋友或家人看，一副得意的样子。有些人正好相反，做起事来极度保守，对于新企划和新产品都不大欣赏，致使他的上司与同事都感到很迷惑。

购买商品时，客户若说："新产品不知道怎么样？"就表示他有意思买下，可是又担心新产品的性能、质量、流行性、是否合乎自己的身份，想得很多。如果是代表公司来购货，说："我曾经吃过苦头，不敢领教。"一定是从前曾因采购新产品而吃过亏。表示他的确是吃过苦头。此时，你应该先听听他的原委，知悉其来龙去脉后，再进一步商讨改进的方法，从而让他服下"定心丸"。

另外，还可利用第三者的评论来佐证商品的质量和服务，以此反驳对方的反对意见。

"经理先生，请您看看这里，这一部分使用的材料是具有特高硬度的合金，所承担的压力相当于旧产品采用金属的三倍。这儿有一份超硬合金的分析表（资料法）。前三天某一家精密仪器公司，也买了同样的产品，他们反映说性能特佳、生产力极高，大家都很高兴。这里还有一份工业周刊的记载，请您参考一下，正如它所推荐的一样发挥了高度的功效，在市面上大家都说是划时代的产品（市场评价）。某工业公司的洪博士很称赞这种新式机器（权威专家的赞誉）。"

如此，顾客就会对你的商品兴趣大增。

故意冷淡不理睬，吊足客户胃口

有时候，对待某一类顾客，你不能对他们表现出热情，反而要对他们不理不睬不重视，这样，他们反而会重视你，对你感到好奇和兴趣，进而对你的产品感兴趣，最后购买你的东西。

"故意冷淡"，其实本质上还属于收回承诺策略。因为当你用漠视去面对某些顾客时，这些顾客会以为你手上的东西很有价值，所以才敢不重视他们，于是他们就会对你和你的产品感到好奇并产生兴趣，购买了你的东西后，还觉得自己占了便宜。

那么，这样的客户是什么样的呢？这一类顾客，往往是恃才而傲自以为无所不知、无所不晓、无所不能的人。在这种人看来，根本不用什么销售人员就可以买到最好的商品，因而他们觉得根本没必要与什么销售人员打交道，他们还一直认为销售人员是一种多余的角色。

对待这种类型的顾客，当你和他们交谈时，你可以表现出一种客气的态度，在这种客气之中，你要包含一种对成交是否成功漠不关心的神情，就好像你根本不在意这件事一样，故意形成"卖方市场"的情形。

于是乎，这类顾客心里就会非常想知道你为什么会胆敢那么漠视他们。要知道，他们这种人总认为自己是一个非常了不起的人物，无论去到哪里都应当受到别人的尊重和关注。现在你居然对他们态度冷淡，他们自然会感觉恼火，然后十分想去了解你对他们冷漠的原因，进而对你和你的产品产生好奇和兴趣，最后以购买你的商品而告终。

在推销过程中，当你遇到这种类型的顾客时，你可以用类似于这样的语气和他们交流："尊敬的先生，您大概不知道，我们的产品并不是随随便便地对任何人都进行推销的，否则会影响我们公司的声誉！"

当他们感到很讶异时，你可以接着这样说："我们公司只对特殊的顾客服务，对顾客和服务项目都要经过严格的核查和选择。"

你可以继续这样说："在选择推销对象上，首先我们要求顾客必须符合一定的条件。话又说回来，能符合这种条件的顾客不是很多，而您恰恰是这些为数不多的顾客中的一位。"

让顾客消化一下你的话后，你可以稍微对他们谈及一点生意上的事情："如果您想了解我们对顾客的服务事项，我们可以提供一些资料给您。"

但要记住的是，即使顾客同意了你的意见，并表示出了想购买的意愿，你还是仍应装出一种满不在乎的态度，要让顾客觉得做成这笔交易，对他更有好处，他不买你的东西是他的损失而不是你的损失。

先高后低，让客户觉得赚了便宜

先高后低，会让客户觉得自己赚了便宜，从而更容易达成交易。

在激烈竞争的时代，企业不仅要靠技术和资金来取胜，还需要采取高超的市场开发技巧，在商海中抓住商机，使自己游刃有余。

报价时绝对不能担心因为价格报高了可能无法成交，各位要先想到一个问题，就是即使你价格报低了也不见得会成交，但你价格报高了就有调整的空间，而价格报低时你可能因此而失去比赛权。记住：客户永远不会满足的。

美国商人善于利用价格的悬殊进行推销。他们先是在对方心里安放一个价格太高的心锚，在对方心里设置悬念，再以一个低得多的价格来铲除这个悬念，让对方尝到好处。对方在心里一比较，觉得很实惠，就很容易决定购买了。

美国商人杰德森有一次找到某公司的经理，带着一个正好符合对方利益目标的方案。杰德森说："我们这里有个非常好的方案，它价值50万美元，而我们的转让费是30万美元。"不想那位经理说："遗憾的是，你开价30万美元，你的价格是不合理的。"

杰德森附和着说："您说得很对！这个价是不合理的。"然后，杰德森微笑着走了。

一个星期后杰德森又来拜访，"上次向您介绍的那个方案不用说正好满足您的要求，可是开价30万美元，实在太荒唐。为那件事我一直耿耿于怀，我一直想为您做点什么才好。一个星期下来，我遍寻名家高手，终于发现了这个方案，它绝对物超所值10倍。如果我能向您提供一个价格仅为7.5万美元，而效果又相当于30万美元的方案，您是不是觉得是件好事？"

那位经理当时见价格从30万美元降到7.5万美元，自然很感兴趣。他怎么能放弃一个以7.5万美元的代价获得价值30万美元服务的绝好机会呢？他当下就签字答应了。杰德森轻易地完成了这笔交易。

这就是典型的"价格悬念推销"。利用商品价格的悬殊差价来诱惑客户购买，是销售的一种技巧。形式可以多种多样，可以故弄玄虚，可以设置悬念，但真正的意图却是帮助客户做出正确的决定，为客户带来好处。

有人认为，用这种方式使人做出错误的判断、错误的决定，是一种低级的、没有道德的推销。任何事情都有两面性，看你是以什么样的方式去做，从什么样的角度去做。这只是一种销售手段，而不是一个骗局。如果你用这种方法去赚取不义之财，这是对自己人格的玷污。

客户调查为市场预测和经营决策提供准确的情报资料，是市场预测和经营决策的基础。

例如，客户买一套房子，因为每年客户都要交物业管理费等，总数超过2000元。实际上只要签下合约，多少钱都是有赚头的。那么销售代表会假装悄悄跟你说，等会儿我把经理请过来，听说他昨天给一位客户朋友打到6折，看看能不能给你争取到，你看行吗？如果客户说行，则就陷入了心理暗示圈套。客户就形成了6折心理价位，而最后经理往往在7折上做周旋，最后就落在6折附近，这就让客户无法拒绝。

所以在要价时是有技巧的，先高后低，会让客户觉得自己赚了便宜，从而更容易达成交易。开价一定要高于实价，也许你认为这个问题很初级，但真的有许多销售人员是怕报高价的，他们害怕在一开始就吓走客户，而永远失去机会。如果你对报高价心存恐惧，那读读以下的理由：一是在你报价之后，你可以降价，但不能涨价；二是你可能侥幸得到这个价格（在资讯发达社会可能性越来越小，但试试又何妨）；三是这将提高你产品或服务的价值（尤其是对不专业的客户）。

除非你很了解你的客户，在无法了解你的客户更多的情况下，开价高一定是最安全的选择。然后根据客户的反映进行调整，才能保证自己的利益。

玩数字游戏，以小藏大谈价格

在可能的情况下，要尽量用较小的计价单位报价，即将报价的基本单位缩至最小，从而隐藏了价格的"昂贵"感，客户也便容易接受了。

在日本首都东京，经常能听到这样的不动产销售员话语："出售从东京车站乘直达公共汽车只需75分钟就能到家的公寓。"

假如把75分钟改为1小时零15分钟，买房的人一定会大大减少，因为人们会觉得出售的房子离东京很远。在人们的心理上，以分钟为单位的时间自然会很短，而以小时为单位的时间自然会很长。房地产销售员正是利用人们的这种心理，变换了一下时间单位，再加上"直达""只需"强调快速的字眼，让人感觉这所公寓离东京并不远。

一位客户相中一块图案特别、质地精良的地毯，问销售员价钱。"每平方米24.8元！"销售员回答。"这么贵？"客户听后直摇头。过了一会儿，又有一位客户问这块地毯的价格时，销售员微笑着反问道："你为多大的房间铺地毯？""大约10平方米吧！"销售员略加思索后说："使你的房间铺上地毯，只需1角多钱。""1角钱？"客户一脸的惊讶和好奇。"你的房间10平方米，每平方米是24.8元，一块地毯可以铺5年，每年365天，这样你每天的花费不就是1角多钱吗？"销售员解释道。

最后，客户欣然买下了这块称心如意的地毯。

这种把商品价格分摊到使用时间或使用数量上的做法常使价格显得微不足道，非常便于客户接受。

齐格勒曾销售过厨房成套设备，主要是成套炊事用具，其中最主要的就是锅。这种锅是不锈钢的，为了导热均匀，锅的中央部分设计得较厚。它的结实程度是令人难以置信的。齐格勒曾说服一名警官用杀伤力很强的四五口径手枪对准它射击，子弹竟然没有在锅上留下任何痕迹。当齐格勒销售时，客户经常表示异议："价格太贵了。""先生，您认为贵多少呢？"对方也许回答说："贵200美元吧。"这时，齐格勒就在随身带的记录纸上写下"200美元"。然后就又问："先生，您认为这锅能使用多少年呢？""大概是永久性的吧。""那您确实想用10年、15年、20年、30年吗？""这口锅经久耐用是没有问题的嘛。""那么，以最短的10年来算，对您来说，这种锅每年贵20美元，是这样的吗？""嗯，是这样的。""假定每年是20美元，那每个月是多少钱呢？"齐格勒边说边在纸上写下了算式。"如果那样的话，每月就是1美元75美分。""是的。可您的夫人一天要做几顿饭呢？""一天要做两三回吧。""好，一天只按两回算，那您家中一个月就要做60回饭！如果这样，即使这套极好的锅每月平均贵上1美元75美分，和市场上卖的质量最好的成套锅相比，做一次饭也贵不了3美分，这样算就不算太贵了。"

齐格勒总是一边说一边把数字写在纸上，并让客户参与计算。在计算的过程中总能让客户不知不觉地摒弃"太贵了"这个理由，促成购买。

从心理学的角度来说，每一个人对较小的事物更容易做出决定，也就是说，当一个人面对的是一个较小的决定时，他一般更容易做出肯定的反应。细分法的技巧正是基于这一思想，使客户产生一种数字上的错觉，在客户更容易接受的时候巧妙地促成了交易。